非洲之花

国际名模华莉丝·迪里传

陈亚红 / 著

台海出版社

序
PREFACE

弱者信命，强者改命

　　华莉丝·迪里在 2002 年创办沙漠之花基金会组织后，又与法国富商弗朗索瓦 – 亨利·皮诺（PPR 的首席执行官）和妻子好莱坞女星萨尔玛·海耶克一起创办了维护女性尊严和权利的 PPR 基金会。前者用来支持索马里的学校和诊所，后者是一个可持续发展和保护的组织。

　　自从 1997 年担任联合国"反割礼大使"后，华莉丝一直奋斗在废除女性生殖器切割的运动中，通过努力，全球很多国家相继立法禁止妇女生殖器被切割，华莉丝成为非洲女人的天使。在废除女性生殖器割礼运动中取得成就的华莉丝，在 21 世纪初福布斯杂志的一项评选中，被评为全球 30 位女性典范之一。在 2010 年，被非洲联盟任命为和平大使。

20 世纪 60 年代，华莉丝出生在索马里一个普通的游牧家庭，以畜牧业为主的索马里，是全球不发达的国家之一。华莉丝凭着坚强的意志，一步步从贫瘠的沙漠走向国际大舞台，从一个普通的牧羊女蜕变成国际超模，在模特行业大红大紫时退出 T 台，转身投入到反割礼运动中，成为废除切割女性生殖器官的驻联合国大使，她的成长之路堪称传奇。

五岁时，华莉丝就遭受了惨无人道的割礼。一天清晨，她在母亲的带领下来到沙漠深处，在没有消毒和麻药的情况下，行礼的吉卜赛妇女用残破的刀片，一刀一刀地把华莉丝的阴部割掉，再用金合欢树的刺，在她阴部戳几个洞，然后用线把阴部封锁起来，只剩下火柴头那么点大的洞，用来排小便和经血。

十二岁时，为了获得五头骆驼的聘礼，父亲要她嫁给一个六十多岁的老头子。华莉丝不甘于一辈子在沙漠里和动物打交道，与母亲商量后，在一个清冷的凌晨，她告别了家园，横冲直撞闯入沙漠中。在漫长的旅途中，她差点葬身狮口，在死里逃生后，历尽艰辛的她终于到达了摩加迪沙，那时还没有生存技能的华莉丝，只能在摩加迪沙的亲戚家做免费保姆。

十四岁时，在姨妈家做免费保姆的华莉丝，遇见了另一个姨妈的丈夫莫哈默德。姨夫是索马里大使，这次得到任命，将要到伦敦工作四年，此时，他正在找一个仆人。机会总是垂青于向往梦想的人，华莉丝争取到去伦敦的机会后，就随姨夫来到伦敦大使官邸做女仆。

时间如白驹过隙，一晃四年过去了，姨夫在伦敦为期四年的任期已满，全家都要搬回索马里。华莉丝想到如果回到索马里，生活又将回到起点，父亲还会让她嫁人，她所受的苦都将白受，为了让痛苦有价值，她决心留在伦敦，哪怕语言不通。

在人生地不熟的伦敦，华莉丝在一家麦当劳找到了一份在餐厅擦地的工作，当时在后台工作的人都是非法移民，因为他们是不合法的外国人，在这里干活只能受尽剥削，却无人敢投诉。为了挣钱养活自己，即使每天都是油腻腻的，华莉丝也不抱怨。最痛苦的是月经来时，因为割礼后阴道口小，月经堵塞，常常痛得冒汗，为了不被炒鱿鱼，华莉丝只能撑着。

是花总能迎来花期，在麦当劳打工时，十八岁的华莉丝遇见了生命中的贵人——戴安娜王妃的御用摄影师特伦斯·多诺万。特伦斯被她精致的五官、高挑的身材所吸引，邀请她拍摄1987 年的倍耐力挂历。在特伦斯的镜头下，美轮美奂的华莉丝成了倍耐力年历的封面女郎。同年，在007 系列电影《黎明杀机》

的试镜中，她又脱颖而出，成为人人羡慕的"邦女郎"。

从这开始，华莉丝很快成了模特界的新宠。可以说哪里有秀场，哪里就有她的身影，从伦敦横扫巴黎、米兰、纽约各大时装周。20世纪90年代，她成了T台上最耀眼的一颗"黑珍珠"！

同时，她还不断出现在顶级广告设计中，为香奈儿珠宝拍广告，化身露华浓香水女神，欧莱雅、李维斯抢着请她代言，频频登上 ELLE、Glamour、VOGUE 等大牌杂志的封面，还成为第一个登上 VOGUE 杂志封面的黑人女性。

短短几年内，她走上了事业的顶峰。在时尚杂志 Marie Claire 采访她时，华莉丝说出了五岁时割礼的经过。《女性割礼悲剧》一文在 Marie Claire 杂志上刊登后，在社会上引起轩然大波，这件事也同样引起了联合国人口基金会的注意。

1997年，联合国人口基金会邀请华莉丝加入取缔女性割礼的斗争中。和存在几千年的陋习作斗争，必定会遭到很多人的反对，华莉丝知道这将是一条艰辛的路。但亲身体味过割礼所带来的无穷痛苦的她，想到每年还将有两百万无辜的女孩要经受这种痛苦，于是她欣然地接受了联合国的邀请，成为联合国历史上第一位反割礼特使。

虽然我们很多人都无法选择出生的环境，但是可以选择成长的道路。华莉丝的出生环境可谓是一把烂牌，但她并没有屈服于命运的安排，而是选择了用不屈和抗争重新洗牌，在最后终于打出了一把漂亮的好牌。

失败者总会有太多的借口，而成功者却始终在寻找机会，哪怕在别人眼中都不是机会。对于不安于命运安排的人，也能在微妙的机会中找到改变命运的契机。弱者信命，强者改命，只要我们不顾一切地想要改变自己，我们就会想方设法去努力。

还有许多人一生都在等待机会，青春在等待中老去，直到耄耋之时，还哀叹一生没有好的机会。机会都是留给有准备的人的，许多时候，不是有了路才去走，而是走着走着就有路了。心有多高，理想有多远，路就会在脚下。

没有比人更高的山，也没有比脚更长的路。有些人，不管命运如何残酷，都能倔强地温柔岁月；有些人，不管前路如何黑暗，都能用自带的光芒照亮前路；有些人，为别人的幸福而努力，也让自己站到了人生的顶端。

泰戈尔说："世界以痛吻我，我要报之以歌"。华莉丝，面对岁月的摧残，把痛苦化成力量，最后破茧成蝶，成为勇敢的"非洲女权斗士"，化身为非洲女性的天使！

目 录

CONTENTS

Chapter 3

不同的人生，别样的精彩

Chapter 4

不忘初心，不畏将来

Chapter 5

生命中的拦路虎和垫脚石

Chapter 6

梦里的那个地方

多舛的命运，远方的呼唤

Chapter 1

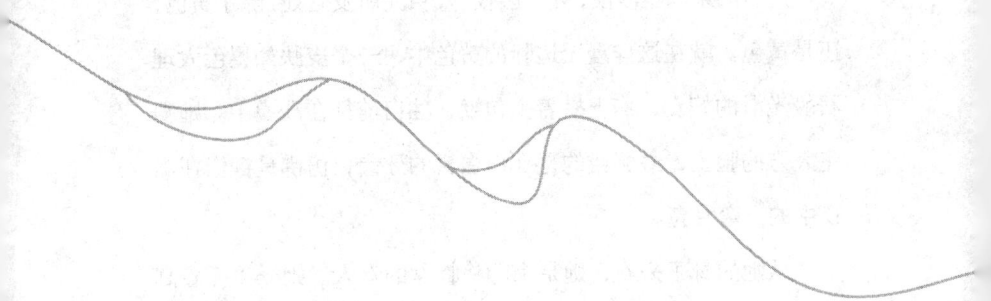

梦魇般的童年，四岁的噩梦

　　广袤的索马里沙漠，死一般寂静，目光所及之处，除了黄色，还是黄色。就在这样漫无边际的黄色中，一个皮肤如墨色大理石般光滑的妇女，肩上搭着个包袱，独自前行在沙漠中。她端庄大方的脸上，最醒目的是那口白皙的牙齿，仿佛是镶嵌在黑夜中的一弯月亮。

　　从她的身子来看，她是个即将临盆的女人。她一手托着高高凸起的肚子，一手不时地捋捋又黑又长的头发，在这缺水又

缺食物的贫瘠沙漠中，孤身前行的她目光坚定地朝着大漠深处
走去。

女人的肚子开始阵痛，她咬咬牙，继续前进。有过几次生
育经验的她，意识到肚子里的孩子将要来临，看到不远处有一
棵树，她强打起精神，朝着那棵树走去。走到树下，放下包袱后，
她靠着树干慢慢地坐了下来，不大的树冠刚好给了她一方阴凉。

没多久，她就感到双腿间一热，凸起的肚子瘪了下去，她
利索地从衣角里掏出准备好的刀片，割断脐带，然后打开包袱，
拿出一些旧布，把孩子擦了擦，再找出一块干净的布，把孩子
包进去。

这是她的第四个孩子，在这个孩子之前，她已经有了两个
女儿和一个儿子。在贫瘠的沙漠里，每个女人在一生中平均会
生七八个孩子，因为多个孩子就多个帮手，不但可以帮着找水源，
还能帮着照顾牧群。

女人抬头看看天，天空依然蔚蓝，再看看周围，发现身旁
有一丛灌木。在整年不下雨的沙漠里，为了生存下去，这种灌
木就把根深深地扎到沙土中，然后开始等待，雨水一旦降临到
大地，它就在这人迹罕至的沙漠里开出一片明亮的橙黄来，它
是沙漠中的奇迹，这里的人都叫它沙漠之花。

艰苦的环境，往往可以养育伟大而顽强的生命，只要是花
的种子，它的使命就是开花，即使是在贫瘠的沙漠里，也一样

会开出美丽的花。每个母亲都希望自己的孩子是一粒花的种子，有一天能绽放出他的精彩，这位年轻的母亲也一样，她给新生下来的女儿取了一个漂亮的名字——华莉丝，意思就是沙漠之花。

这是 1965 年的一天，这位一生有过十二次生育经历的母亲，并没觉得这次的生育有什么特别，她更不知道在未来的某一天，她刚刚生下的这个名叫华莉丝·迪里的索马里女孩，会成为万众瞩目的国际名模，还当选福布斯 30 位全球女性典范之一。

他们生活的索马里位于非洲大陆最东端的索马里半岛上，这个国家 60% 的家庭以畜牧业为生，尤其以饲养骆驼著名，年出口骆驼几乎达到人均一头，是世界上拥有骆驼人均数量较多的国家之一，素有"骆驼王国"之称。

这个以畜牧业为主的国家，由于自然灾害，再加上连年不断的战争等因素，经济严重落后，贫困家庭数不胜数，连基本的温饱问题都没有解决，是世界上不发达的国家之一。当成年劳动力都食不果腹时，更是无暇顾及那些没有劳动力的孩子，一些婴儿常常活不过一岁，所以这里的人对年龄没有精准的记忆，只是大概猜测。

几千年来，这里的生活没有什么翻天覆地的变化，一直沿袭着祖辈的生活方式。为了给牧群找到合适的水源和牧草，一般在同一个地方待上三四个星期，然后不得不搬家再去找新的牧地。没有固定的生活场所，没有电，没有一切需要电的电器，比如电话、电脑、电视机等，这里仿佛与世隔绝。

偶尔有飞机从天空飞过，小小的华莉丝总是目不转睛地盯着这只长着翅膀的大鸟，看着它最终消失在遥远的天际。对于生活只有自然、家人和牧群的她来说，从没想象过沙漠之外的世界。

这里的一切都是原始和古老的，每个人都活在当下，不畅想未来，不谈论过去，努力过好每一天。"在非洲，没有什么事非赶紧不可，没有被催被赶的压力。时间过得很慢很慢，从容平静。"

人类创造的计时工具——日历、钟表等一类东西，在这里都派不上用场，他们用最原始的方法判断时间。天亮太阳出来，影子在西边，那是上午；太阳在头顶，影子被踩在脚下，那是中午；太阳渐渐落下去，影子挪到东边，那是下午；太阳越来越接近地平线，影子越来越长时，知道天快黑了，那就得赶着牧群回家了。

他们按照季节的轮换安排生活，根据雨水的需要计划迁徙，凭着太阳的起落处理日常。每天起床后做各自要做的事，全心全意地把属于自己的工作做好。

这个有着"骆驼王国"之称的索马里，流行着这样一句话："家里养几峰骆驼，就可以不愁吃不愁穿。"到1973年才有文字的索马里，他们的历史没有文字记载，传说和歌谣，都是口口相传。

可是他们敬重骆驼的习惯是一直以来都有的。骆驼在他们生活和心目中占有很重要的地位，他们以拥有多少峰骆驼来衡量一个人的财富。大家在见面时，除了问候家人以外，还要问候骆驼，在交谈中不能有亵渎骆驼的话，也不能擅自给骆驼拍照。

在这个气候干燥、缺少雨水、草木稀疏的地方，牛、马、羊等一般牲畜，很难适应这里的环境，只有骆驼，它的体温能够随着气温的变化自动调节，对水的消耗量相对于其他动物来说要少得多，在吃饱喝足一次后，可以数天不吃不喝，照样能够长途跋涉。

骆驼给他们提供所需要的物品：用驼奶制成的奶酪是当地的主要食品，驼皮制成的靴子可以防止灼热的沙漠烫伤牧民的双脚，驼毛可以换回所需要的日用品，饥荒年月里可以依靠驼肉、驼奶、驼血等度日。因为这些特殊性，骆驼的价值是无法估量的。

甚至连人的性命也用骆驼来计算，比如一个成年男人被人杀害了，杀人者的家族如果拿出一百峰骆驼作为赔偿，死者家属就不会再作计较，这事儿就算过去了。一个新娘的价值，也用骆驼来衡量，比如华莉丝十二岁那年，他父亲就以五峰骆驼作交换，要她给一个六十多岁的老头做第四任妻子。

在干枯的沙漠里，是吃不上新鲜的蔬菜的，更不要说水果了。出生在游牧家庭的华莉丝，她每天起床做的第一件事，就是去畜栏挤奶。他们靠骆驼奶活着，早饭是骆驼奶，晚饭还是骆驼奶，当骆驼奶不够时，就把食物分给最小的孩子吃。如果有一天晚上发现没东西可吃，也是很正常的，为了减少消耗，大家就早点去睡。因为缺乏食物，母亲在大家没有吃完之前，绝不会吃东西。记忆里，华莉丝从来没有看到过母亲吃东西。

大米，在沙漠里更是稀罕之物，吃米饭的日子，不亚于过节时的盛宴。有一天，父亲拿牲口换回了一袋米，晚饭时，华莉丝和弟弟阿里一起坐在树下吃骆驼奶拌饭。对于这样的美食，华莉丝总是吃得小心翼翼，为了让美味持久一点，她一小口一小口地放进嘴里，再细细地嚼，慢慢地咽下，把吃饭当成一个隆重的仪式。

在美食面前，阿里和华莉丝的态度则完全相反。他风卷残云般地把属于自己的一份吃完了，这时他探头看到华莉丝碗里还有米饭，出其不意地拿着他的勺子，伸进华莉丝的碗里，把华莉丝碗里的饭都舀完了。

对于这突如其来的袭击，华莉丝想都没想，顺手抄起旁边的一把刀，朝阿里的大腿上刺去，阿里尖叫一声，拔出刀也毫不犹豫地朝她的腿上刺来，瞬间，两人的腿上便鲜血直流。

华莉丝曾说："索马里的生活太艰难，我们必须用尽全力才能活下去。悲观消沉只会消耗我们的能量。"在索马里，牧民们首先考虑的是牲畜的安全，无论在什么情况下，始终把牲畜放在第一位。华莉丝一家也一样，牲畜繁盛时，他们便富有；牲畜受苦时，他们跟着受苦；当牲畜面临疾病和死亡时，他们的生命也在死亡边缘徘徊。

为了照顾牲畜，他们四处流浪；为了给牲畜寻找水源和牧草，他们常常早出晚归；为了让一家人能够活下去，他们年复一年日复一日，辛辛苦苦地奔波在沙漠里。因为常常迁徙，为了便于携带，住的房子是像帐篷一样的草编小房子，房子太小，里面只存放一些鲜奶，还有就是为了安全，让幼小的婴儿住在里面。

因为房子不够大，大点的孩子和大人只能露天而睡。沙漠里温差很大，每当太阳下山后，沙石迅速散热，气温一下子能下降 30℃ ~ 40℃，然而家里的毯子不够一人一条，于是大家只能挤在一起互相取暖。

在那些艰难的岁月中，华莉丝一家人会彼此鼓励，彼此祝福："我们对自己，对彼此说'Inshallah'，意思是'唯神所愿'——这也是我们的生活哲学。我们知道生命依赖自然中的各种力量，而这些力量唯有神能掌控。"

我们常说，生容易，活容易，生活不容易。可是对华莉丝他们来说，生不容易，活不容易，生活更不容易。

在非洲还有一个割礼陋习，做过割礼的女人，外阴被缝在一起，许多女人在生孩子时，常常是一尸两命。华莉丝的姐姐阿曼，后来就是死于生孩子。在那个缺食少穿又没医术的地方，活下来长大是一件很不容易的事情。华莉丝的母亲曾经生过十二个孩子，可最后只有六个活了下来。华莉丝记得其中有个漂亮的妹妹，活到六个月，华莉丝亲眼看着她死去，那个时候，她的母亲悲痛欲绝。母亲还曾生过一对双胞胎，可是不久就夭折了。

不只是人在死亡线上挣扎，动物也在死亡线上挣扎。当旱季来临，找不到水源和牧草时，长途跋涉的牲畜，常常会在觅食的路上死去。"当你看着它们颓然倒下时，你会感觉那么无助，孤立无援；你知道死亡已经来临，可你却毫无办法。"

在贫瘠的沙漠里，生命比荒原上的小草还卑微，原本应该是在父母怀里撒娇的年龄，可小华莉丝却在经受着死亡的威胁。可是每个人的心中都有两盏灯，一盏是希望之灯，一盏是勇气之灯，因为有这两盏灯，即使全家人都挣扎在死亡线上，他们也不抱怨，不消极，依然在努力地活下去。

尽管人生已经如此艰难，可是不可想象的噩梦，竟还在前方等着她。华莉丝的父亲有个朋友叫古班，平时常来看他们。一天傍晚，他又来了，和父母站在帐篷前聊天。

母亲抬头看看金星在天边升起，说："天快黑了，该把羊群赶回来了。"

古班赶紧说："我帮你们去赶，让华莉丝带我去就好。"

　　华莉丝看到古班叔叔不挑兄弟们做帮手，而是选了自己这个女孩子，当时感到特别高兴，赶紧跑到古班身边。古班伸出手，牵着华莉丝，朝着羊群所在的方向走去。天真无邪的她，还一路缠着要古班叔叔给她讲故事。

　　找到羊群后，古班把羊群赶到一起，这时的天已经黑了下来，平时活蹦乱跳的华莉丝显得很安静。对于一个孩子来说，面对黑暗总会有一种莫名的恐惧，她希望早点赶着羊群回家。而古班却脱下外衣铺在地上，对华莉丝说："来，坐到这儿来，叔叔给你讲故事。"

　　华莉丝说："天黑了，我想回家。"古班说："你不是最喜欢听故事吗？来，叔叔给你讲个故事。"华莉丝极不情愿地走到他身边，古班伸手拉她坐到自己身边，然后又一把把她推倒在地。

　　华莉丝挣扎着说："你干吗？我不要躺着听故事，我要坐着听。"古班说："听话，你躺好了，叔叔就给你讲故事。"小小的华莉丝不知该如何是好。这时，古班扑到她身上，一把扯下她围在腰上的围裙，整个身子压向她小小的身躯。

　　一阵钻心的痛，从她下身蔓延开来，一直痛到心底，在心底停留，再也无法愈合。

　　华莉丝挣扎着站起来，朝着家的方向撒腿就跑，远远看到母亲正在家门口的火堆旁，她跑过去，抱着母亲的大腿，浑身颤抖着大哭起来。

母亲警觉到女儿的恐惧，赶紧问古班："发生了什么事？"

古班笑着说："没事，没事，我只不过给她讲了一个故事而已。"

这一年，华莉丝只有四岁，她不知该如何把这一幕告诉母亲，只是哭得更凶了。这个傍晚，在华莉丝的记忆里永远无法抹去，就像一场噩梦，在以后的岁月里，一次次地把她惊醒。

古希腊诗人荷马说："谁经历的苦难多，谁懂得的东西也就多。"就像生长在索马里的沙漠之花，它知道，为了盛开，它只能等待，哪怕旱季再漫长……

割礼，深入骨髓无法忘却的伤

在非洲不少国家，判定少男少女是否成年，不是根据其年龄，而是看其是否举行过成年礼。而所谓的成年礼，就是割礼。非洲五十多个国家中有三十多个国家在不同范围内实行割礼，其中，索马里、苏丹、肯尼亚、乌干达、埃塞俄比亚等国家，割礼普遍存在。

索马里盛行一种风俗，认为女人两腿间有肮脏的、致使男人堕落的东西，除非把阴蒂、阴唇等部分切除掉，这个过程叫割礼。盛行割礼范围内的女孩，都会在结婚前举行割礼仪式，而未进行割礼的女孩，在人们眼里是肮脏的、纵欲的，没有男人会要她。在某些部落，一个没有举行过割礼的女子会被认为是背叛者，永远不得嫁人，即使有人娶了她，也不能给奶牛挤奶，不能进入丈夫的牲口棚，甚至禁止从家庭的玉米地里获得食物，所有人隔离她、孤立她，让她一辈子抬不起头。

女性割礼按程度深浅分成三种：最简单的一种称为"割礼"或"苏那"，只是去除阴蒂的包皮；第二种叫"切除"或"阴蒂切除"，将阴蒂的一部分或全部切除，包括小阴唇的一部分或全部切除；最严重的一种是阴蒂全部切除，大阴唇部分或全部切除，外阴两侧用线缝合，阴道处只留下一个小小的间隙，便于尿和经血流出。

割礼细节是不会和女孩们说的，这是一件很神秘的事情，没有经受过割礼的索马里女孩，都会很期待这个标志着自己成年的割礼仪式。原本割礼仪式是在女孩们发育后才进行，后因为一些女孩自己的要求，割礼年龄越来越小。

华莉丝有两个姐姐，大姐阿曼，二姐海勒姆，她们也都到了割礼的年龄。阿曼十多岁了，已经超过了一般割礼的年龄，因为他们一家常年在沙漠里流浪，屡屡与那个行礼的吉卜赛女人错过。行礼的吉卜赛女人很有钱，给女孩割礼是一个家庭一笔很大的开支，但是每个家庭都乐意把这笔钱投资在女儿身上，不然他们的女儿不能进入婚姻市场。

在华莉丝三岁那年，有一天父亲在沙漠里遇到那个吉卜赛女人，于是请她来给女儿行割礼，可是大姐阿曼那天刚好出门找水了，于是错过了那次机会。那天晚上，在弟弟妹妹们羡慕的目光中，二姐海勒姆得到了特别多的食物，第二天一早，二姐就被母亲带走了。自那天后，华莉丝再也没有见过姐姐海勒姆。

后来，父亲再次在沙漠里遇见吉卜赛女人，让她来给阿曼做割礼仪式。华莉丝知道吉卜赛女人要来，一心想着要做成年人的华莉丝，缠着母亲，要母亲带上自己和阿曼一起做。母亲看着年龄尚小的华莉丝，断然拒绝，华莉丝沮丧万分。在一旁的阿曼却和兴奋的华莉丝完全不同，显得忧心忡忡，一个人嘀嘀咕咕地说："但愿我不会像海勒姆那样。"

一心想做割礼的华莉丝，整晚都没睡踏实，一直留意着母亲的行动。天一亮，母亲的一位好友来了，她们带着阿曼要走，华莉丝再次央求母亲带上自己，母亲让她留下来照顾弟弟妹妹。

好奇的华莉丝偷偷跟在她们后面，为了不让她们发现自己，她还不时地躲到大树后面或者灌木丛后面，一路跟踪而至。这时天还没有大亮，只能模模糊糊地看到周围的景物，她们在前面停了下来，吉卜赛女人已经来了。母亲让阿曼坐在地上，她和女友坐在阿曼身后，一人按住她一边的肩膀，把她死死地扣在地上。

　　躲在灌木丛后面的华莉丝看到吉卜赛女人打开了一个包裹，在里面翻了一下，手里拿了一样东西，双手移到阿曼的大腿间，开始在大腿间移动，紧接着，一声凄厉的叫声在空旷的沙漠里响起，打破了黎明的寂静，吓得躲在不远处的华莉丝差点跌一跤。

　　等华莉丝再定睛看去，只见阿曼两腿一蹬，把前面的吉卜赛女人踢翻在地，之后奋力从母亲和她女友的手中挣扎了出来，然后迈开两条长腿，羚羊一般地向前冲去，血从她的两腿间流了下来，留下了地面上触目惊心的红。

　　最后因体力不支，阿曼跌倒在地，母亲和她的女友很快就追了上来，重新把她按在地上，吉卜赛女人也赶了过来，继续进行没有完成的割礼。阿曼的惨叫像被宰割的牲口，绝望而又无奈，使人毛骨悚然。华莉丝看不下去了，感觉小小的心脏快要从胸腔里跳出来了，于是她跑回了家。

　　割礼后的女孩暂时不能回家，于是家人给阿曼在远处搭了个棚子，让她独自躺在棚里，其他孩子也不能去看。两天后，母亲让华莉丝给阿曼送食物去，她看着下身被布绑在一起的姐姐，问阿曼："割礼到底是怎么回事儿？"阿曼露出一脸恐惧，说："那太可怕了……"之后突然住口，盯着华莉丝看了一会儿，然后说，"你也快了，她们马上要给你做了。"

　　原本对割礼有着热切期盼的华莉丝，想到痛苦的阿曼，突然对这条自己曾经向往的成年之路充满了恐惧。她努力地想要忘记那天看见的一幕，可是阿曼凄厉的叫声却始终萦绕在她耳旁！她鼓励自己："每个索马里女人都要接受割礼，我要成为妈妈的骄傲，我要勇敢接受。"

再加上华莉丝的父亲有个朋友常常和华莉丝家一起迁徙，那家有个十几岁的儿子叫贾马，长得高大英俊，华莉丝很喜欢他，有空时常跑到他家附近，而贾马喜欢阿曼，对华莉丝总是不理不睬。贾马的父亲是个粗暴的人，每次看到华莉丝，都会一脸嫌弃地说："你这肮脏的小丫头，快回去，割礼都没做过，不要来看我家贾马。"

华莉丝认定，贾马和他父亲不喜欢她，是因为她没有割礼。这时，阿曼已经痊愈，随着时间的流逝，那天早晨看见的一幕，在华莉丝的记忆里渐渐淡了下去。那年华莉丝五岁，为了让贾马喜欢自己，华莉丝迫不及待地想做割礼手术。她再次央求母亲："妈妈，你把那吉卜赛女人找来，早点给我行礼吧。"

华莉丝央求母亲没几天，吉卜赛女人在他们牧区出现了，于是，割礼的日子很快就定了下来。在头天晚上，华莉丝也得到了比别人多的食物，以前姐姐们因为行礼而多得到食物，曾让她眼红不已，而今天轮到弟弟妹妹们在一旁羡慕她了。母亲嘱咐她少喝水和牛奶，虽然不明白其中原因，但华莉丝还是照做了。想到自己过了今晚就要成为成年人，虽然忐忑不安，却也有着难以抑制的喜悦，这是每个索马里女孩成长中必须跨越的一步。

那天，华莉丝还在迷迷糊糊的睡梦中时，突然被母亲摇醒。那时的沙漠还是一片灰蒙蒙，风吹在身上使人感到阵阵凉意。她揉揉惺忪的眼睛，跟着母亲朝着大漠深处走去。她们离自家的棚屋越来越远，当来到一个灌木丛后，母亲说："就在这里吧。"

天蒙蒙亮起来，华莉丝依偎在母亲身边，这时，她听到了一阵"踢踢踏踏"的走路声，母亲朝着发出声音的方向问："是你吗？"朦胧中，听到一个女人的声音："是我。"

华莉丝想看看答话的人，刚抬起头，就发现那个吉卜赛女人已经悄无声息地站在她们面前了。吉卜赛女人毫无表情地指着一块大石头对母亲说："坐到上面去，就那里。"母亲把华莉丝抱到大石头上，她在华莉丝的后面坐了下来，小小的华莉丝坐在母亲两腿之间，她的头靠在母亲胸前。母亲从旁边捡起一块树根，对华莉丝说："乖，宝贝，咬在嘴里，咬紧了。"

这一刻，那天清晨阿曼割礼的情景再次浮现在了华莉丝的眼前，她想到了待宰的牲口，一阵恐惧涌上心头。她想挣扎，可母亲用双腿紧紧地夹住她小小的身体说："宝贝，不要动，很快就会过去，你要勇敢。"

在索马里有句骂人的话："你小子是没割礼的女人生的。"这句骂人的话是索马里人骂人中最为恶毒的。这时的华莉丝虽然还不懂性和婚姻，却知道一个没有割礼的女孩是父母的耻辱，于是她在心里鼓励自己："我要勇敢，我要成为妈妈的骄傲，不管发生什么，我一定要挺住。"于是，她把目光转向了吉卜赛女人，吉卜赛女人和别的索马里妇女一样，头上裹着彩色的围巾，身上穿着彩色的棉裙，只是她的脸上没有一点儿笑容，一点儿能够温暖人的表情都没有。

华莉丝目不转睛地看着吉卜赛女人，看到她打开一个破毯子做的包裹，从里面拿出一个小小的棉布包，伸进长长的手指，在里面拨弄一番后，拿出了一枚剃须刀片，刀片残缺不全，这时的天已经亮了，晨光中，华莉丝清晰地看到了刀片上残留着的红色血迹。

吉卜赛女人看完刀片的这面，反过来又看了一下另一面，然后在上面吐了一口唾液，最后将刀片在裙子上擦了擦！这时，妈妈拿出围巾蒙住了华莉丝的双眼，于是她的眼前就一片漆黑了，整个世界就像被黑暗吞噬。

冰冷的刀片割向了华莉丝的阴部，刺心的疼痛立即袭遍全身，出于本能华莉丝用双手去推母亲，不顾一切地想要逃跑，可母亲死命按住她，还对她说："宝贝，你要挺住，你一定要挺住。"

想到阿曼站起来跑走后又被按在地上继续行礼，华莉丝知道自己无处可逃，钝钝的刀片一刀一刀划拉着她的阴部。试想，有人在你大腿上或手臂上割一块肉下来，这是何等的疼痛？长大后的华莉丝想到这一幕时，几乎不敢相信自己经受过这种非人的折磨，只是阴部触目惊心的伤疤证明了一切。

　　她知道无处可逃，为了让痛苦早点结束，她告诉自己不能动，可是疼痛让她的双腿不由自主地颤抖，她向神祈祷："神啊，帮帮我，让一切早点结束。"撕割还在继续，时间变得无限漫长，在一波又一波的疼痛中，华莉丝终于昏厥过去。

　　不知过了多久，她苏醒过来，蒙在眼睛上的围巾没有了，吉卜赛女人已经停止了撕割，她以为痛苦已经结束，谁知道，第二次痛苦正在等着她。不知何时，吉卜赛女人身边多了一大把金合欢树的刺，她用刺在华莉丝的阴部戳了几个洞，然后用一根白色的线头，把她的阴部缝起来。

　　这一刻，华莉丝反而不再恐惧，内心非常平静，她看着吉卜赛女人在自己已经失去知觉的两腿间不停动作，她的灵魂仿佛从躯体里飘出来一样，整个飘浮在半空中看着一个女人无情地残害着一个小女孩，这残害竟然还经过小女孩母亲的同意。痛苦在下沉，下沉，不断地下沉，华莉丝再次失去意识。

　　等华莉丝再次醒来时，吉卜赛女人已经不在了。有人把她从石头上抬下来，她靠着石头躺着，两条腿被布条绑着捆在一起，无法动弹。她虚弱地朝四周看看，没看到母亲的身影。她不知道还会发生什么，朝刚刚躺过的大石头看去，那个屠宰过自己的地方，殷红的血渗进了石头，从她身上割下来的外阴，静静地躺在上面，被阳光炙烤着。

不堪的过往，出嫁与逃婚

　　太阳一次次地升起来又落下去，月亮一次次地来了又走了，沙漠里的旱季还是那样的漫长。姐姐阿曼离家出走了，哥哥也去城里读书了，这时在兄弟姐妹中，华莉丝成了年龄最大者，她照顾牲口的任务自然又多了一些。

　　华莉丝每天早早地就离家出去了，因为她要走很远很远的路去放牧，她还得时不时地抬头看天，计算着走多远才能在天黑前赶回家，可即便是这样，她还是一次次地失算，于是，常常在黑暗中赶着牧群回家。而在回家的途中，时不时地就会有掠食者成群结队在她的牧群外游荡，一不小心就少了一只牲口。每天回家把牧群赶回牲口棚时，华莉丝总会一次次地数着牧群，很多次回家时的牲口都要比出门时少。

生活中的华莉丝会像男孩一样上蹿下跳，也喜欢把男孩当成竞争对手，和他们比谁更会照料牲口、谁跑得更快、谁打架打得赢，在家里她照顾的牲口比兄弟们的都要好。华莉丝有个叫阿迈德的叔叔住在加尔卡约的城里，他的骆驼和其他牲口由她家照顾，他最喜欢华莉丝照顾他的牲口，常常夸奖华莉丝。

父亲也常说华莉丝更像个男孩子，更像是他的儿子，父亲这样说时，是华莉丝最自豪的时候。经历过求生不得求死不能的割礼后，原本就像男孩子的华莉丝更像个野小子，变得桀骜不驯，无所畏惧，她的坏名声渐渐在周围传开了。

在索马里，没人愿意娶一个不听话的女人为妻，女人的贞操更是比什么都重要。女孩们从小就知道，出嫁时必须是处女，一生只能嫁给一个男人，如果男人早死，就得做一辈子寡妇。

父亲是华莉丝姐妹们的守护神，他常常对她们说："你们都是我的宝贝，如果有人想侵犯你们，你们一定要告诉我，我要保护你们，愿意为你们死。"

父亲是这样说的，确实也是这样做的。有一次，大姐阿曼在放牧时，一个男人过来纠缠她，跟她说了很多好话，阿曼呵斥他，让他滚开。那个男人知道甜言蜜语对阿曼没有用后，竟然想施暴。幸好高大的阿曼身手敏捷，她像一头被激怒的狮子，狠狠地把对方揍了一顿，回家后还把这件事情告诉了父亲，父亲又找到了那个男人，狠狠地揍了他一顿。

还有一次晚上，大家都在睡觉，突然被妹妹福兹雅的尖叫声惊醒，大家都坐了起来，看到了一个男人的影子朝着远方跑去。睡得和大家有段距离的福兹雅还在尖叫，大家过去看她，看到她的大腿上有着白色的精液。

父亲没有追上那个变态狂，却记住了他留在沙漠里的脚印。过了一些时候，父亲去井里打水，一个年轻人也来打水，他在井边来来回回地走，脚印留在了潮湿的地面上，父亲看到熟悉的脚印后，断定了那天晚上跑了的人就是他。

于是，父亲重重地挥出拳头，朝那人的头上狠狠地砸去，不料那人从身上抽出一把非洲杀人刀，朝父亲狠狠刺来。父亲在被连刺四五刀后，终于夺过来了那把刀，之后也在那个年轻人的身上连刺了几刀。一时间，两个人拼得你死我活。父亲回家时一路滴着血，他那次伤得很重，在家里躺了几个月才渐渐地好起来。

华莉丝的坏名声还没有完全传开，父亲决定给她找个男人把她嫁出去，杜绝后患。一天傍晚，华莉丝放牧回来，正在牧圈里给奶牛挤奶，父亲在棚子外喊她："华莉丝，过来，华莉丝，过来。"

父亲的声音里有着难得的柔情，这是父亲额外有事要华莉丝做时才有的声音。她以为父亲要吩咐她做什么事，于是走到了父亲身边。父亲让她坐到自己的大腿上，对华莉丝说："你像一个男孩一样，把牲口照料得最好，爸爸会挂念你的。"

父亲的话让华莉丝觉得莫名其妙，她以为父亲是想念阿曼了，于是伸出双手圈住父亲的脖子说："爸爸，我不会离开你的，我会一直陪在你和妈妈身边的。"父亲说："不，宝贝，你马上要离开这个家了。"华莉丝不知道父亲在说什么，疑惑地看着他，父亲说："爸爸给你找了个丈夫，你马上要离开爸爸妈妈了。"

在华莉丝以往的十三年的生活里，她看到的只是天空和沙漠，做的事情就是每天照顾牲口，母亲也只是告诫她们在婚前必须是处女。关于性和婚姻她们是懵懂的，在这里也没人公开谈论这些。

第二天华莉丝一早又去放牧，想到父亲让她嫁人，她变得忧心忡忡。如果一定要她嫁人，她希望新郎是贾马，但想到一心想嫁给城里人的阿曼，在父亲刚刚打算让她嫁人时就逃走了，华莉丝希望自己能够说服父亲，接受她的建议。

于是一整天，华莉丝都在想着计谋，希望能说服父亲放弃让她嫁人的念头，可是直到夜色来临，她还是没能想出一个好的主意。当她赶着牲口回到家时，妹妹看见她回来了，迎上来说："姐姐，父亲领来了一个人，正等着你呢。"

华莉丝立刻就猜到了妹妹口中的那个人是谁，心烦意乱的她朝着妹妹大吼："走开，滚一边去。"妹妹吓得跳到一边，华莉丝自顾自地把牲口赶回棚里，在里面忙碌起来。父亲看到了华莉丝，叫她过去，华莉丝极不情愿地朝父亲走去，于是她看到了父亲旁边坐着的一个手拿拐杖的老头子，看上去有六十多岁。暮色中，华莉丝看到那人花白的头发和花白的胡须，是那样的刺眼。

父亲朝华莉丝招招手说："过来，宝贝，来见过加鲁尔先生。"华莉丝满脸不悦，为了不违抗父亲，她不得不和那老头打招呼："你好。"是人都能看出来，她脸上写满了不高兴和不情愿。父亲了解女儿，知道这时最好让华莉丝走开，不然看着她这样的神色，恐怕没人敢娶她。父亲说："华莉丝，不要害羞，累了一天，去找点吃的吧。"于是，华莉丝赶紧离开了。

那天晚上，华莉丝整晚都没睡好，她一想到父亲要把自己嫁给苍老的加鲁尔先生，不由得悲从中来。她从来没有离开过父母，她不想跟一个陌生的老头去杳无人烟的地方放牧，然后生一堆孩子，每天像母亲一样照顾着牲口。如果这老头早早地死了，自己一个人拖着孩子照顾牧群，生活会更加艰难。华莉丝不知道该怎么办，但是她知道这绝不是她想要的生活。

天亮时，华莉丝又去放牧，临走时父亲问她："华莉丝，昨晚来的加鲁尔先生，就是父亲为你找的丈夫，你觉得如何？"华莉丝冷冷地说："爸爸，他太老了，我不想嫁给他。""这有什么关系，年纪大他就不会去外面找其他女人，会在家里好好照顾你。你知道他给了多少聘礼吗？"华莉丝说："多少？"父亲两眼放光，咧嘴笑着，在华莉丝面前伸出五个手指，说："五峰骆驼耶！"

华莉丝真担心下一秒会有口水从父亲的嘴里流出来。她知道无法改变父亲的心意了，点着头低声说："我该出去放牧了。"说完，转身赶着牧群，朝着大漠深处走去。父亲看着没有抗争的华莉丝，心里的石头落地了。

看着面前和自己日日相处的牧群，她知道自己再也没有更多的机会照顾它们了，离别的愁绪涌上心头。即使这次侥幸父亲同意她不嫁给这个老头，那也会换个人把她嫁出去，父亲是认定了要拿她换骆驼的。

她不想继续过这样的日子了，在沙漠里结婚生孩子，到处流浪着照顾牲口，却一辈子吃不饱穿不暖，连一双鞋都买不起。看着自己被荆棘和石头刺得伤痕累累的脚，华莉丝只想哭。记得七岁那年，阿迈德叔叔来到她家，大声夸奖华莉丝把他家的羊群照顾得这么好，华莉丝要求叔叔给她买一双鞋子，叔叔满口答应，说下次一定带来，她对叔叔家的羊群照顾得更尽心了。

不久，父亲带着华莉丝去见叔叔，华莉丝以为叔叔会给她买一双像母亲那样漂亮的皮凉鞋，谁知叔叔给她的是一双廉价的橡胶拖鞋，华莉丝觉得叔叔辜负了她的一片苦心，失望的她把鞋子朝着叔叔的脸上扔去。叔叔看到无礼的华莉丝，生气地对父亲说："你是怎么教育孩子的？"华莉丝说："我宁愿被荆棘刺，被毒蝎子咬，也不要穿你这双烂鞋子。"

华莉丝仍然不得不照顾着阿迈德叔叔家的羊群，以及自己家的牲口，可是她始终没有鞋子穿，就那样赤着脚在沙漠上来来回回地行走，脚上爬满了蜈蚣一样的疤痕。直到很多年以后，她才拥有一双属于自己的漂亮鞋子。

闯进模特界有了自由支配的金钱后，华莉丝对衣服的要求不高，穿来穿去就那么几件 T 恤衫和几条牛仔裤，却有各种各样的鞋子：高跟鞋、平底鞋、旅游鞋、长靴、短靴……多得都数不过来。哪怕这些鞋子没有衣服搭配，买回来后静静地放在鞋柜里，只要看着它们，华莉丝的内心就有大大的满足感，这些鞋子弥补了她孩提时对鞋子发疯般的渴望！

那天放牧回家，华莉丝闷声不响，母亲看着不开心的华莉丝，就问她发生了什么事。华莉丝说："难道你不知道父亲要把我嫁给一个老头吗？他那么老，为了五峰骆驼，你们居然要把我嫁给那样的老头。"母亲没有说话，把华莉丝揽到自己的怀里，伸出手温柔地抚摸着她的头发。

　　华莉丝仰起头，眼睛里布满了泪水，她凄惨地说："妈妈，我不想嫁给他。"母亲说："宝贝，妈妈帮不了忙，你父亲已经决定了。"华莉丝知道，她再怎么央求母亲都于事无补，在这个家里，父亲说了算。在整个索马里，男人凌驾于一切女人之上。

　　看着广袤的天空下无边的沙漠，有风从那边吹过，风从哪里来，风到哪里去？这一刻，华莉丝内心通明，她要追着风的脚步，去看看外面的世界，虽然她不知道外面的世界是什么样的，不知道远方有多远，可她分明听到了远方的呼唤，她知道，她要走了，她必须走。

　　趁着父亲不在，当弟弟妹妹们睡着后，华莉丝悄悄地和母亲说："妈妈，我要走了，我不能嫁给那个老头，我要去摩加迪沙找姨妈。"

　　母亲说："孩子，你知道摩加迪沙在哪儿吗？你知道摩加迪沙离这儿有多远吗？你如何到达摩加迪沙呢？"

　　华莉丝摇摇头说："妈妈，我不知道摩加迪沙在哪儿，也不知道摩加迪沙离这儿有多远，更不知道如何到达摩加迪沙，但是我知道，我要离开这里，我不想一辈子过这样的生活。妈妈，我什么都不知道，但是我知道我必须走。"

　　母亲说："孩子，天都黑了，你能去哪儿？"对，天都黑了，但是天黑后还会天亮，只要心中有着希望，天就永远不会黑。

华莉丝说："我现在不走，等明天天亮再走，妈妈，我要好好睡一觉，求你明天一早叫醒我，别让爸爸知道，好吗？"

为了能有体力赶路，华莉丝决定晚上好好睡一觉，因为有梦，内心平和，一躺下她就睡着了。也不知过了多久，迷迷糊糊间，母亲把她推醒，她看看睡在不远处的父亲，正发出沉睡的鼾声，再看看睡在身边的弟弟妹妹，她知道，这一别，就是万水千山。

母亲牵着她的手，华莉丝看着母亲的脸，她要把这张脸庞烙在心底。母亲说："走吧，孩子，趁你父亲还没醒来，你要自己保重，不要担心妈妈。"华莉丝扑到母亲怀里："妈妈，谢谢你叫醒我。"

"华莉丝，不要忘记妈妈，永远不要。"母亲说着推开华莉丝，"走吧，孩子，趁天还没亮。"华莉丝朝身后看看，那里一片漆黑，什么都看不清，那里有她的家，有她的父亲，有她的兄弟姐妹，还有她照顾过的牲口，可她必须要离开，离开这熟悉的一切，走向一个未知的未来。

其实，在每一颗心灵的深处，都有着独有的痛苦，但也有一扇面向幸福的窗户，想要打开幸福的窗户，你可能要踩在荆棘丛生的路上，可能要面对千难万险，可能要和死神搏斗，一路的艰辛，你无法想象。华莉丝没有过多考虑，她只是一路向前，和母亲挥挥手后，她就转过身一头扎入了黑暗中，撒开腿朝着大漠深处奔去。

为了拒绝父亲安排的人生之路，华莉丝一个人在黑暗中狂奔。她不知道摩加迪沙在哪里，只是天真地认为，她一定能顺利地到达摩加迪沙，一定能找到姨妈。

她从家里出来时，除了带着一块围巾，并没有带牛奶、食物和水。她光脚奔跑在沙漠中，她不知道摩加迪沙在哪个方向，只是在夜色中拼命地奔跑，拼命地奔跑。摔倒了，站起来继续；被石子硌痛了，她就咬咬牙；很多次踩到树根，最怕蛇的她以为是踩到了蛇，惊得跳起来。

可是她必须往前跑，如果不小心被父亲抓回去，她就得嫁给那个老头，一辈子在沙漠里放牧。太阳移到了头顶，阳光炙烤着大地，放眼望去，除了黄色的沙，就是金色的阳光。沙漠里最不缺的就是阳光，一年大部分时间都是太阳直射。华莉丝跑得筋疲力尽，在无边无际的沙漠里，奔跑的她渺小得就像一粒飘动的尘埃。

她又饥又渴，实在跑不动了，于是放慢脚步，改跑为走。这时，她在风中隐隐捕捉到一个声音："华莉丝……华莉丝……"她以为是幻觉，停下来认真倾听，那声音再次传来，这次她听清楚了，原来是父亲的声音。

循着声音望去，她看到父亲顺着她来时的路，疾奔而来。这一惊非同小可，华莉丝打起精神，像羚羊一样继续朝前奔跑。

就这样，她在前面跑，父亲在后面追，两人像在沙滩上冲浪，你追我赶，在沙漠上展开一场持久的奔跑大赛。

在索马里，最重要的交通工具除了骆驼就是双腿，为了找水和放牧，常常要走很远的路，想在天黑前赶回家，就得奔跑着来回，天长日久，每个人都擅长奔跑。

不知跑了多久，华莉丝没有再听到父亲的声音，以为他追不上自己了，于是就想停下来喘口气，可回头一看，父亲正追上一个沙堆，吓得华莉丝不敢再停下脚步。就这样，两人在沙漠里你追我赶了好几个小时。这时，太阳开始西沉，华莉丝好久没听到父亲的喊声了，也好久没看到他的身影了，她相信父亲应该已经往回赶了。

太阳已经沉到了地平线上，父亲即使往回赶，也不可能在天黑前到家了。沙漠中没有路，只能靠耳朵倾听家人或牲畜发出的声音来判断家的方向。因为沙漠的寂静和开阔，声音可以随风传得很远，这是生活在沙漠上的人练就的一种特殊的认路方式。

华莉丝在一块石头上坐了下来，回头看看来时的路，延伸着一行孤独的脚印，她猛然意识到，原来父亲是顺着自己的脚印追踪而来的。为了躲避父亲，华莉丝改变了方向，反正对她来说，哪个方向都一样，因为她根本不知道摩加迪沙在哪里，她只希望奇迹能降临到她身上，保佑她找到姨妈。

为了避免沙漠里留下自己的脚印，再次上路的华莉丝，不再走在柔软的沙子上，而是走到靠岩石一边的硬土上。她不知道前方迎接她的是什么，只知道她不要再过现在的生活。

天开始黑下来，沙漠又一次迎来了黑夜，奔跑了一天的华莉丝，看到旁边有一棵树，于是走到树下背靠着树干坐了下来。她仰望天空，蔚蓝的天空上群星闪烁，她想念母亲，想起母亲慈祥的目光，想起母亲温暖的怀抱，从没离开过家人的华莉丝，好想回家。

她哭了，这个在吉卜赛女人一刀一刀地在她阴道上撕割时都没流泪的女孩，现在却哭了。她想起和弟弟妹妹们晚饭后一起坐在篝火前玩耍，想到临走前母亲给她的深深拥抱，想起割礼后一个人孤独地躺在棚子下……想着想着，眼皮越来越重，靠在树干上的她不知不觉地就睡着了。

穿越荒漠，摩加迪沙之旅

当阳光再一次移到她的头顶，华莉丝被一阵轻微的声响惊醒，她缓缓地睁开眼睛，看到有两只眼睛正盯着她，她再睁大眼睛看去，天哪，居然是一头狮子。那是一头俊美的成年公狮，金色的鬃毛，强健的体魄，正不急不缓地摇摆着长长的尾巴，站在华莉丝面前悠闲自若地看着她。

面对强壮的狮子，几百公斤的野羚羊和斑马都逃不脱它的巨掌，更不要说是一个筋疲力尽的人。华莉丝清楚地知道，跑，肯定跑不过它，一天没吃东西的她哪有体力；转身爬到树上，哪怕平时的她像猴子一样，在狮子面前没等她爬上树，它的爪子早已抓住了自己。

电光火石之际，脑子里出现几百种想法，但她知道只有一种结果——面对强劲的狮子，她无路可逃。既然无路可逃，那就坦然处之，华莉丝不再恐惧，想到自己一路奔跑，又想到前路茫茫，她对狮子说："如果你想吃我，那就来吧。"

狮子在她面前坐了下来，伸出舌头舔舔嘴巴，看看华莉丝，再看看四周，然后站起来，摇着尾巴，优雅地迈开步伐，转身离去。阳光还是那样的炽烈，然而华莉丝并没有因为狮子的离去而高兴，她刚刚面对狮子时根本没有惊恐。

华莉丝从狮子口中逃脱了，饿得两眼昏花的她扶着树干站起来，她想："看来一直陪伴着我的神灵对我另有安排，有更大的使命在等着我，既然要我活下去，就不可能让我饿死。"

神灵再一次向华莉丝伸出仁慈的手，没走多久，她看到一片骆驼放牧区，她朝一头奶最多的骆驼冲过去，俯身拼命吸起来。这时，在一旁的牧人看见了，挥着鞭子朝华莉丝吆喝。已经几天没吃东西的华莉丝，管不了这些了，她拼命吸着骆驼奶，谁知道下顿什么时候才能吃上呢？

牧人知道他再不过来，这头骆驼的奶就要被这丫头吸完了。他朝着华莉丝冲过来，挥着鞭子向她身上抽去，已经吃得差不多的华莉丝，站起来撒腿就跑，牧人追上来，鞭子狠狠地在华莉丝的身上抽了几下。刚刚吃饱的华莉丝，浑身又充满了力量，箭一般地朝前冲去。

就这样跑呀跑，最后她跑到了一个小镇上，小镇上有房屋、有街道、有交易市场、有熙熙攘攘的人群，赤脚的华莉丝走在街道中间，特别显眼。以前华莉丝一家一直在沙漠里流浪，她从来没有进入过村镇，此时的她显得有些手足无措。

一个妇人看到在街道中间赤着脚茫然走着的华莉丝，狠狠地推了她一下，说："你这个傻瓜，要活命的话，走到一边去。"华莉丝被推到了一边，这时，一辆接一辆的车从后面冲上来，华莉丝暗暗嘘了口气，好险啊！她靠着路边一边走，一边伸手想拦下一辆车。终于有一辆载着石头的卡车停了下来，车上是两个男人，他们看到拦车的华莉丝，打开车门说："上来吧，年轻的姑娘。"华莉丝不知所措，她对他们说："我想去摩加迪沙。"两人笑着说："行，没事儿，你想去哪儿都行。"

华莉丝注意到司机的牙齿是红色的，有一丝莫名的恐惧掠过，这是常嚼恰特草留下的。恰特草也称东非罂粟，茎叶中含有天然安非他命，咀嚼时其中含有的令人兴奋的成分对人体中枢神经具有刺激作用，会使人上瘾，是一种软性毒品。索马里很多男人都嚼它，华莉丝看见父亲也嚼过，却不允许女人们碰这东西，这种草毁了很多人的生活。

　　孤立无助的华莉丝还是上了车，司机让她爬到车斗里。这时天已经暗了下来，气温开始下降，风中带着凉意，为了暖和一点儿，她在角落里找到一块稍微平整点的石头躺了下来。她刚躺好，一抬眼，就看到司机旁边的男人已经站在了她身边。那男人四十多岁，长得猥琐丑陋，他看着华莉丝狰狞地笑着。虽然暮色四合，周围的一切模糊不清，可是那张狰狞的脸，像个大写的镜头，烙在华莉丝的脑海里，永远不会忘记。

　　男人一把扯下身上的裤子，还没等华莉丝反应过来，他便扑向华莉丝，抓住她的腿，想要掰开她的双腿。华莉丝把两条腿像蛇一样缠在一起，从小她听得最多的是，女孩子婚前一定要是处女，贞操比生命还重要。华莉丝不断地央求："求求你，不要这样，不要这样。"

　　男人掰不开华莉丝的腿，举手重重地打了她一巴掌，她被打得眼冒金星，脑袋"嗡嗡"直响。她知道，她根本不是这个成年男人的对手，硬拼是没用的，她脑子一转，对男人说："行，你先让我小便一下。"

　　男人见华莉丝服软了，一脸得逞，华莉丝走到一边，蹲下身，装作小便，然后捡起一块石头，回到那个男人身边，温顺地躺了下来。男人兴奋地爬到华莉丝的身上，华莉丝用尽力气举起石头，朝着他的太阳穴狠狠地砸去，一下，两下……那人被砸得耳朵流血不止。

　　每一个弱小的人，在遇见危险时，都会变得强大，当人的潜能发挥出来时，力量强大到自己都不相信。这一刻，华莉丝觉得自己像一个浑身充满力量的斗士，没有任何力量可以击败她。

　　这时司机发现情况不妙，想减速停下车。华莉丝知道如果落在司机手里，自己不会有好下场，于是她趁着车还未停稳，快速从车尾跳下来，冲进了夜色中。当司机停好车，从驾驶室里跳下来，一边追赶华莉丝，一边大声喊道："你杀了我朋友，你还想跑？"

　　华莉丝钻进灌木丛，司机也钻进灌木丛，两人在灌木丛里绕了几圈，华莉丝见司机没再追上来，以为他放弃了，没想到他爬上汽车，开着车朝华莉丝冲过来，华莉丝只能避过灯光，选择朝灯光照不到的地方跑。终于，她甩开了那辆车。

　　华莉丝不知道那个人有没有被她砸死，只知道自己离这儿越远越好，她不敢在马路上跑，整晚在灌木丛里钻来钻去，直到天亮，才又看到马路。这时的华莉丝，脸上手上全被划破了，整个人看上去活像个鬼。

　　她来到马路边，一辆奔驰车迎面而来，她伸手拦下了车，车上的男人衣着整洁、神情优雅，露出一口洁白的牙齿，问华莉丝去哪里。华莉丝往前面一指说："那边。"男人温和地点点头说："上来吧，姑娘。"

很遗憾，车子行驶了几公里后就停了下来，他对华莉丝说：
"对不起，我到了，只能带你到这儿。"华莉丝从豪华的奔驰
车上下来，回头看看车上的男人，阳光中，他的脸泛着金色的光。
自从赤脚跑进沙漠后，饿了只能摘些树叶吃，又被牧人抽鞭子，
还在卡车上遭遇袭击，这个奔驰车主人在她的逃亡路上犹如一
缕光。

华莉丝一边走一边伸手拦车，这时一辆满载食物的卡车停
了下来，她想到不久前在卡车上遇到的危险，对卡车心有余悸，
犹豫着要不要上车。卡车司机问她："你要去哪儿，我只到加
尔卡约。"华莉丝一听到加尔卡约，想起叔叔阿迈德在那儿，
她说："我要去加尔卡约。"

于是，她爬上驾驶室，坐在了副驾驶的位置上，司机找些
话题挑逗她，华莉丝很厌恶他，却不敢表露出来，只能看着窗外，
装作在找叔叔家的房子。那人见华莉丝不理他，又看看她灰头
土脸的样子，突然说："你是从家里跑出来的吧？"

华莉丝心一惊，连连否定，说："不是，我是来找叔叔的。"
司机继续说："你一定是从家里跑出来的，我要去报警。"车
子加快了速度，华莉丝虽然害怕他去报警，但看着飞驰的车却
也没有办法。车子继续往前行驶，到了加尔卡约镇上，车子在
集贸市场旁边的一块空地上停了下来，华莉丝赶紧爬了下来，
说："我找到叔叔的家了。"一溜烟便钻进了集市的人群中。

华莉丝走在集市中，看到了集市上的各种蔬菜和水果，长这么大华莉丝第一次看到这么丰富的食物。几天没吃东西的她，肚子饿得"咕咕"叫，于是便想向一个卖西红柿的老板要一个西红柿，可老板却像驱赶瘟神一样对她嚷道："走开走开，你这个疯女人。"

华莉丝来到另一个小摊前，她已不奢望有人能给她食物，她向小摊老板简短地说了自己的事，问她知不知道叔叔阿迈德的家在哪里。老板娘把食指放到嘴边"嘘"一下说："这里不是乡下，不要大声叫你族里人的名字。"华莉丝听不懂她说的话，也不知道该如何和她说。

这时一个倚在墙角的男人朝华莉丝招招手，华莉丝走过去，那人笑着和华莉丝说："姑娘，不要大声叫你家人的名字，我知道他家住哪里，你跟我来。"他带着华莉丝穿过集市，走到一条巷子里时，他问华莉丝："你饿吗？"

这时的华莉丝早已饿得前胸贴后背，男人说："我家就在旁边，先去我家吃点东西吧，我等下带你去。"华莉丝说："不，不，你还是先带我去叔叔家吧。"男人还是说："你先到我家吃点东西，我一会儿带你去。"华莉丝只能跟着他去了他家，他给华莉丝端来满满的一碗食物，华莉丝三口两口就吃完了，一吃完又说："我吃完了，麻烦你带我去叔叔家。"

男人说："现在是午休时间，我先躺一会儿，你来陪我午休。"

华莉丝宁愿坐着也不肯过去睡。男人说："来吧，别怕，午休后就带你去。"华莉丝不情愿地走过去，谁知在他的身边刚躺下，那男人便翻身跳到华莉丝的身上，把她压在了身下，华莉丝失声大叫，用力推开他，然后一骨碌跳下床，跑了出去。

华莉丝再次来到街上，漫无目的地行走着。一个老太太看她不是本地人，问她是从哪儿来的。华莉丝警觉地看了她一眼，不知道她可不可信，但是也没有更好的办法，只能试着相信。华莉丝告诉她自己是来找叔叔阿迈德的，于是好心的老太太陪着华莉丝来到了阿迈德叔叔家，原来叔叔家就在刚才遇到的那个男人住的地方的对面。

华莉丝曾尽心尽意照顾叔叔家的羊群，她以为叔叔和婶婶会对她的到来表示极大的欢迎，可当他们知道华莉丝是从家里逃出来的以后，叔叔说："你从家里跑出来，谁帮着看牧群？"

华莉丝的心冷到了冰点，他们最担心的永远是牧群，没有人愿意去理解她。华莉丝说："我不想嫁给那个老头。"叔叔说："你反正是要嫁人的，嫁给谁都一样，何况他还给你爸爸五峰骆驼呢。"

华莉丝知道不管她说什么，他们都觉得自己是无理取闹，叔叔最后说："你在这里能干什么，吃闲饭吗？你先在这里待着，我捎信给你父亲，等他来把你带回去。"

华莉丝知道叔叔让人捎信给父亲后，过不了几天父亲就要来了，如果父亲来了，她这些日子的努力就都白费了。叔叔家有两个哥哥，暑假时会到她家帮着照顾牲口，和华莉丝的关系很好。华莉丝和他们商量，他们告诉华莉丝，阿曼就在摩加迪沙，到了那里，她可以去找她。这时华莉丝才知道，原来父母早已知道了阿曼的下落，只是阿曼从家里逃出来的那一刻起，就和家里断绝了关系。

一个清晨，两个哥哥凑了点钱给华莉丝，并带她来到路口，指着一个方向说："摩加迪沙就在那儿，华莉丝，你一直朝这个方向走，祝你好运。"

于是，华莉丝朝着摩加迪沙出发了，大部分时间她都是赤脚行走，偶尔会拦下一辆车带她一程，行程慢得让她发狂，还好这时她手头有了点钱，至少可以买点食物充饥。她觉得这样也不是办法，不知道猴年马月才能到达摩加迪沙，最后她决定花钱搭坐非洲丛林出租车。

非洲丛林出租车终于把她带到了摩加迪沙，车子在摩加迪沙郊区停了下来，华莉丝向同行的人打听摩加迪沙，同行的人指着前面的一座城市说："那里就是。"摩加迪沙是印度洋港口的一座城市，曾经是意大利的殖民地，很多建筑都是意大利风格，在华莉丝眼里，整座城市金光闪闪。

华莉丝迈开两条长腿，朝着摩加迪沙快步走去，很快她就进入了摩加迪沙市区，可她并不知道阿曼住在哪个区域，于是就先买了点东西吃，然后再一路打听。她也不知道自己走了多少路，问了多少人。当她再次来到一个集市上，向一位妇女打听阿曼，将阿曼的样子跟那妇人描述一番后，那妇人说："我认识她，你和她长得很像。"

在那妇人的指点下，华莉丝找到了阿曼的家。这时阿曼已经找了一个男人嫁了，正挺着大肚子。当她看到华莉丝时，惊得半天都合不拢嘴巴。当华莉丝告诉她自己出逃的原因和一路的艰辛时，同样逃婚出来的阿曼，不但没有同情她，反而怪她不帮着父母照顾牲口。华莉丝央求阿曼："求求你，让我住在你家，我不想回家。"阿曼答应华莉丝住下来，并且想住多久就住多久。

不久，阿曼生了个漂亮的女孩，华莉丝就帮着她照顾孩子。她每天开开心心地洗着尿布，把尿布拿到太阳底下去晒，然后再打扫家里的卫生，把房子收拾得整整齐齐，之后再去集市上帮着买菜，华莉丝还学会了讨价还价。

但是阿曼每天叨念，说华莉丝这样逃出来，把一堆活全扔给母亲，母亲一个人忙着补衣服、做食物、照顾孩子、照料牲口，肯定忙得团团转。她把所有的过错都推到华莉丝身上，好像她自己出逃理所当然，华莉丝就千错万错。一开始华莉丝还忍着，直到有一天阿曼又开始没完没了地念叨，华莉丝招呼都没打，直接从姐姐家出来，去了一个舅妈家。

在华莉丝刚到摩加迪沙时，阿曼带她拜访了这里的亲戚，华莉丝头一回见到母亲的娘家人。外婆一共有四个儿子和四个女儿，她有着非洲女人独有的性格——个性强悍，意志坚定。当外婆得知华莉丝一路遇到的艰辛时，她说："你受这些苦，肯定是为了一些值得的东西。"华莉丝觉得七十多岁的外婆能懂她。

华莉丝从阿曼家出来后，来到了萨义德舅舅家，舅舅在沙特阿拉伯工作，很少回家，但每月都会寄钱回来。鲁尔舅妈独自带着三个孩子，一个九岁、一个六岁，还有一个只有三个月。当华莉丝说想在她家住一段日子时，舅妈满口答应，这喜悦不是装的。

舅妈每天早上很迟才起床，然后打扮得漂漂亮亮出去，和她的朋友们说着东家长西家短，等到吃饭时间才回来。她把三个孩子放心地交给华莉丝，还有一大堆家务。华莉丝一会儿照顾孩子，一会儿打扫卫生，忙完这个忙那个，每天忙得团团转。

有一天，九岁的表妹不见了，华莉丝出去找她，找到她时她正蹲在地上，认真地看着一个男孩子尿尿。华莉丝气不打一处来，从地上捡起一根树枝，在她的屁股上狠狠地抽了几下后，把她拽回了家。舅妈回来时，表妹哭着告状，说华莉丝拿树枝抽她。

舅妈听说华莉丝打她女儿，大声质问华莉丝："你凭什么打我孩子？"华莉丝把事情的起因告诉她，可舅妈不管华莉丝怎么解释，举起手要打华莉丝。

华莉丝想到自己来到她家后，每天帮着照顾孩子，操持家务，就像一个免费的保姆，这样的生活根本不是她想要的，一直很抑郁。看到舅妈要打她，天生叛逆的华莉丝把这段时间的不满都发泄了出来，她冲着舅妈大喊："你动一下试试，看你敢不敢打我？"舅妈看到高大结实的华莉丝发飙，只好作罢。

华莉丝从小就觉得自己与身边的人不同，她要做与众不同的事，会过上与众不同的生活，可是她也不知道这与众不同到底在哪儿。在阿曼和鲁尔舅妈家，她每天帮她们照顾小孩，操持家务，这和在家里的日子也没有什么区别，她不知道自己的未来在哪儿，可是她知道，她再不能在鲁尔舅妈家待下去了。

从鲁尔舅妈家出来，华莉丝敲响了萨如姨妈家的门。萨如姨妈看到华莉丝很高兴，华莉丝忐忑不安地说出想在她家住一段时间，没想到姨妈爽快地答应了。识时务的华莉丝知道，住在姨妈家应该帮着做家务，她主动提出做家务。

十九岁的法蒂玛是姨妈的大女儿，是个温顺好脾气的姑娘，她对华莉丝很友善。法蒂玛每天都很忙，她一早起来就去上学，中午回家给家人做午饭，下午放学又为全家人做晚饭，晚饭后还要忙着整理厨房，然后再做作业到深夜。

法蒂玛每天像奴隶一样忙碌着。华莉丝喜欢她，总是在晚饭后帮她做很多事，以便让法蒂玛早点儿去做作业，姐妹俩成了好朋友。华莉丝喜欢和她聊天，华莉丝说："我不想过这样的生活，可是我不知道该怎么办？"

有一天，萨如姨妈家里来了一位尊贵的客人，他是华莉丝另一个姨妈的丈夫，叫莫哈默德·查马·法拉，是索马里大使，这次要去伦敦任职四年。姨妈和姨夫在客厅里说话，华莉丝在旁边打扫卫生，她留意着他们的谈话内容。姨夫告诉姨妈，他打算找一个索马里仆人去伦敦的家里帮忙。

华莉丝知道机会来了，她虽然不知道伦敦在哪里，但是潜意识告诉她，那是她要去的远方。于是，华莉丝急急地走到姨妈身边，把她拉到一边，对姨妈说："姨妈，我要去伦敦，求求你和姨夫说一下，让我去，好不好？"

姨妈说："你不会说英语，什么都不会，去那里干吗？"华莉丝抓住姨妈的手拼命地摇着，继续央求："我能做家务，能擦玻璃窗，我现在还跟法蒂玛学会了做意大利面。"

"好好干你的活。"姨妈甩开华莉丝的手，走到姨夫的身边对他说："带上华莉丝吧，她是个勤快的孩子，一定会让你满意的。"

华莉丝听到姨妈这么说，赶紧走过去，站在姨夫跟前，姨夫用怀疑的目光把她打量了一次又一次。姨妈说："虽然她年纪小，可是她干活卖力，相信我，她一定会干得很好！"姨夫终于点头同意了，答应带上华莉丝去伦敦。

终于要去梦想中的远方了，虽然不知道远方在哪里，但是华莉丝相信，那里一定有着不一样的天地，一定有着自己想要的东西。老天从来不会辜负一个坚持努力的人，只要有着坚定的信念，就一定能够到达自己想要去的地方。

离乡背井，遇见贵人

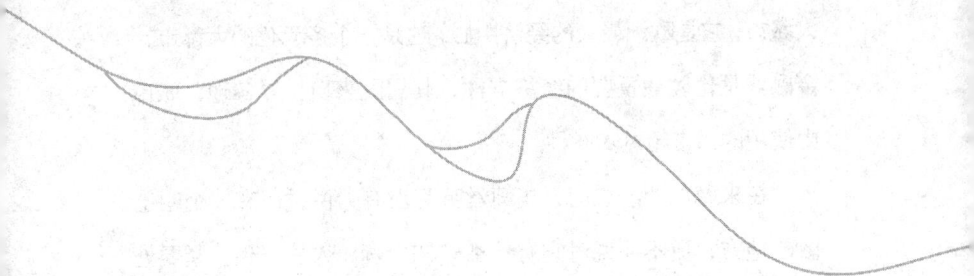

Chapter 2

语言的隔阂挡不住前进的步伐

英国伦敦与美国纽约、日本东京和法国巴黎并列世界级四大城市，它是欧洲最大的经济中心，这是一个多元化的大都市，金融业是伦敦最重要的经济支柱，其居民来自世界各地，城市中使用的语言超过 300 种。

在来摩加迪沙之前，华莉丝听都没有听说过还有一个叫伦敦的地方，更不要说对它有什么一知半解。人的一生，紧要处往往只有几步，命运之神给了华莉丝一个千载难逢的机会，她竟然要去伦敦了，去一个完全陌生的大都市。

萨如姨妈给华莉丝买了一条漂亮的长裙、一双梦想中的皮凉鞋，这皮凉鞋和母亲常穿的那双鞋子一样漂亮，这是华莉丝这辈子拥有的第一双鞋。她穿着漂亮的鞋子、漂亮的裙子，高兴得不停地转圈，此刻的她真希望全世界的人都与她一起分享这快乐。

第二天一早，姨夫来接华莉丝去机场，华莉丝和每一个人拥抱道别。当和法蒂玛告别时，她紧紧地抱着她，她多么希望法蒂玛能和自己一起去伦敦啊，可惜只要一个人，她把握住了这机会。华莉丝从姨夫手里拿过护照，这是她第一次拥有写有自己名字的东西，从小她就没有出生证、身份证，在沙漠里一切都是多余的。

华莉丝坐上了汽车，除了穿在身上的衣服和鞋子以及一个放着护照的背包，就没有其他行李了。早晨的阳光把整个世界涂上了金色，华莉丝的眼里也金光闪烁，她挥手和大家告别，伴着初升的太阳一起出发。

来到机场，姨夫把华莉丝带到登机口，对她说："我这边还有点儿事，需要再逗留几天，你先一个人去伦敦，有人会到机场接你的。"华莉丝目瞪口呆地看着姨夫，她怎么也没想到姨夫会让她一个人去伦敦，她不相信自己耳朵听到的，傻傻地问："你不和我一起去伦敦？"

姨夫把机票塞到华莉丝的手里，指指飞机说："对，你先走，别担心，那边有人接你，你要藏好护照和飞机票，别把它们弄丢了。上机吧，飞机就要起飞了。"说完便转身走了，华莉丝一直盯着他的背影直到看不见。

当姨夫走出她的视线后，华莉丝这才发现自己置身在完全陌生的环境中。看到周围来来去去的人漠然地从她身边走过，当初孤身横穿沙漠时都没有的孤独感瞬间就包围了她，想到自己就要离开索马里了，就好想大哭一场。

此刻的她看着停机坪上一架巨大的喷气式飞机，要去伦敦的兴奋劲没有了，只得随着身边匆匆行走的人群走过停机坪，毫无表情地朝飞机走去。在这之前，她从来没有近距离地看过飞机，以前的她只在大漠上偶尔抬头的瞬间，能看到长着大翅膀的"鸟儿"飞过天空，那时的她对着天空想："它从哪儿来，要到哪儿去？"

华莉丝看到有人登上楼梯进入机舱，她也迈步朝楼梯走去，因为穿着长裙，怕踩到裙摆滚下楼梯，她走得小心翼翼。进入机舱后，华莉丝见到有一个空位置，便走过去一屁股坐下，坐在她旁边的是个白种男人。这是华莉丝第一次看到白种人，她不知道世界上除了黑种人还有其他人种。他们这样白，起初华莉丝还以为是因为他们太阳晒得不够多。

旁边的男人用英语对华莉丝说："你的位置不在这里。"

可华莉丝听不懂英语，根本不知道他在说什么，只能疑惑地看着他。这时，一位漂亮的空姐走了过来，拿过华莉丝的机票看了看，牵着她的手把她带到了另一个位置上。

过了一会儿，空姐提着一个篮子过来分糖，走到华莉丝的身边，把篮子递到了她面前，没带食物的华莉丝，想多拿几颗糖在路上充饥，于是她把裙子围成了一个兜，伸手抓了一把，想再抓一把时，空姐把篮子往前一送，笑着走到别的乘客那儿，华莉丝的手尴尬地停在空中，周围的人都看着她，她仓皇地低下了头。

飞机在云层里穿梭，看到窗外白色的云仿佛触手可及，华莉丝看看云，又看看身边的白种人，看到他白皙的皮肤和云一样白，华莉丝真想伸手摸摸，那白色是不是一摸就能擦掉。

飞机在空中飞行了八九个小时，早已想要小便的华莉丝再也憋不住了，可她不知道卫生间在哪儿，用索马里语问身边的人，那人耸耸肩膀摇摇头，听不懂她说的话。她急得像热锅上的蚂蚁，再不解决可要尿裤子了。

她告诫自己静下心来，仔细观察周围的人，发现常常有人走进一扇门，稍后就出来，她估计那里就是卫生间，于是便朝那扇门走去，等里面的人出来后，立即走了进去。从来没见过抽水马桶的华莉丝，不知道该在哪里小便，左右看看，小房间里有一个洗手池和一个抽水马桶，用排除法否定掉洗手池后，她蹲到抽水马桶上痛快地小便了一回。

小便完毕，看到马桶里黄色的尿液，她不想让人知道小便是她留下的，却不知道怎么冲掉它，看看马桶上的各个按钮，按钮上写的都是英文，她瞪着眼看着一个个字母，一个个字母也瞪着眼看她。

这时，她看到旁边有只纸杯，自作聪明的她拿起纸杯，从洗手池里接来水，再倒进马桶里，外面不断有人敲门，华莉丝忙着把水倒进马桶里，她想："如果我把马桶装满水，别人猜不到我小便过，以为是马桶装满水而已。"

多年后华莉丝想起这一幕，不觉好笑，也不悲哀。她从来没有出过远门，好不容易有机会坐飞机，却是一个人，在语言不通的情况下，想找个人帮忙都困难。

到了伦敦后，飞机在伦敦希思罗机场缓缓降落了，当双脚踩在了坚实的大地上后，华莉丝悬着的心这才放了下来。在这陌生的国度，她只希望能尽快见到接机的姨妈。她不知道往哪里走，跟着人群来到电梯口，看到自动上升的电梯，她傻眼了，不知不觉停了下来。

人们从她的身旁走过，踩到电梯的台阶上，电梯把他们送到顶端，她学着把脚放到电梯上，移动的电梯让她跟跄了一下，一只鞋子掉了下去。她想下去捡鞋子，却分不开下面密密麻麻的人群，一会儿工夫，电梯就把她送上了顶端。

　　站在电梯顶端，她想看看鞋子，除了挤挤挨挨的人头，什么都看不见。她被人推到海关，穿着制服的白种海关工作人员和她说话，她只听到"叽叽呱呱"的声音，根本听不懂人家在说什么。

　　工作人员指指她手中的护照，她一手递过护照，一手提着剩下的一只鞋子，用索马里语告诉他自己的一只鞋子掉了，希望他能想办法帮助她。工作人员一脸迷糊，向她摇摇头，摊摊手，意思是弄不懂她说什么。

　　出了海关，一个黑皮肤的男人向她走来，用索马里语问她："你是不是从索马里来的，要到法拉先生家里工作？"此时此地听到熟悉的乡音犹如见到久违的亲人，华莉丝连声说："是的，是的，是我，是我。"她想起掉了的鞋子，举着另一只鞋子拉着他的手说："我的鞋子掉了，麻烦你和我一起去找找。"

　　他们重又走进海关，来到刚刚掉落鞋子的地方，四周看去，哪里还有鞋子的影子，华莉丝急得要哭，这是她生平第一双鞋子，想不到竟让自己给搞丢了。她舍不得丢掉另一只鞋子，一直提在手上。在以后的岁月里，这个场景无数次地在她的梦里出现：她想拨开人群，蹲下身去捡鞋子，却被人群挤来挤去，怎么也捡不到。

　　再过海关时，海关工作人员又用英语和华莉丝说话，华莉丝一脸茫然，懂英语的司机拿过她的护照看看，回答了海关工作人员的问题。他们出了海关，华莉丝问司机："你刚刚和他们说什么？"司机说："他们问我你是不是十八岁？我说是的。"华莉丝说："我哪有十八岁，我才十三岁。"司机说："不管你多大，护照上写着十八岁就是十八岁，以后别人问你，你也要说你十八岁。"华莉丝说："护照上是错误的，难道我要说错误的吗？"

司机不想和华莉丝纠结这个问题，开着车子驶出了机场，很快车子就汇入了伦敦城市的街道，两边高楼林立，街上车水马龙。这时，灰蒙蒙的天空飘起了雪，在非洲沙漠里长大的华莉丝，才知道世界上还有一种叫雪的东西。

在索马里沙漠，一年四季差不多都是艳阳高照，偶尔下雨的日子是牧民们的节日，大家围在一起唱歌跳舞庆祝。萨如姨妈也没想到这时的伦敦会是大雪纷飞，她给华莉丝买的是裙子和皮凉鞋，她冷得瑟瑟发抖，只能蜷缩着身子，双手抱着臂膀，这是她人生中的第一个冬天。

路上，司机把玛瑞姆姨妈家的简单情况告诉了华莉丝。玛瑞姆家里的成员有姨妈、姨夫、姨夫的母亲，以及一个华莉丝从没见过面的舅舅，舅妈家有七个孩子。他还告诉华莉丝几点钟起床，几点钟睡觉，几点钟给谁做早饭，她睡哪儿，她该干什么，还告诉她家里人谁爱吃什么。

他最后对华莉丝说："你姨妈是个呆板的人，在她家里工作，会把你累死，你除了干活就是睡觉，没有一点空余时间。"在非洲大部分地区，生活条件比较好的人家都会收留穷亲戚家的孩子，孩子通过劳动回报养育之恩。有的人对孩子像自家人一样，出钱供他读书。

华莉丝在心里说："她是我姨妈，和我妈是亲姐妹，说不定会像萨如姨妈那样对我，舍不得累着我呢。"

窗外依然白雪飘飘，城市披上了白色的衣裳，华莉丝想透过车窗看看这白色的精灵到底来自哪儿，可是她只看到灰蒙蒙的天空和这纷纷扬扬的大雪。车子驶进哈利街上的高档住宅区，在一座四层楼的大房子前停了下来，房子外墙是明亮的黄色，这是华莉丝最熟悉的颜色，沙漠里除了黄色的沙子就是金色的阳光。

华莉丝站在富丽堂皇的房子前，简直不敢想象，自己将要住在这样豪华的地方。这时，司机带着华莉丝朝大门走去，走入门厅，是一面巨大的镜子，镜子里映着对面书房里整面的墙，墙上是满满的书，这是华莉丝第一次看到那么多的书。

玛瑞姆姨妈在门厅里迎接华莉丝，姨妈和母亲长得很像，只是看上去比母亲略微年轻一点儿，穿着打扮都已完全西化。看着似曾相识的脸庞，内心自然而然涌出一种亲近感，华莉丝冲她亲热地喊了一声："姨妈。"

华莉丝想冲过去拥抱她，可是姨妈没有显露出过分的亲热，淡淡地说："到了就好，把门带上。"华莉丝乖巧地带上门，走到姨妈身边，姨妈说："我先带你看看房子，熟悉一下环境。"这时，一阵阵倦意袭向华莉丝，她说："姨妈，我现在很累，好想睡觉，我能不能先睡一觉？"姨妈点点头说："好，你跟我来。"

姨妈带着华莉丝上了楼梯，带她进入一间布置得很华丽的房间，华莉丝又经历了生命中的很多第一次：第一次看到这么华丽的房间，第一次看到这么大的床，这床有她家的棚屋那么大，床上还有一床柔软的羽绒被。

姨妈说："这是我的房间，你在这里好好睡一觉。"华莉丝说："姨妈，你等会儿叫我。"姨妈说："不，你睡到自然醒。"

华莉丝爬上床，钻进柔软的被子，她的皮肤第一次接触到这么柔软的棉被，姨妈带上门走了。房间里很安静，一切仿佛是在梦里，华莉丝也很快进入了梦乡：梦见自己走过一条长长的漆黑的隧道，隧道尽头，有光亮透进来……

女仆生涯，用劳动获取尊严

伦敦，是与巴黎、纽约、米兰齐名的世界四大时尚城市之一，这座古老而又优雅的城市，很多建筑物是维多利亚时代的遗物。有"世界上最优美的河流"之称的泰晤士河从伦敦市中心流过，河上有 28 座建筑风格各异的桥梁，最漂亮的是伦敦塔桥，站在塔顶可以观赏附近的绮丽风光。

伦敦塔桥附近，是不列颠群岛最受欢迎的历史景点——伦敦塔，它是英国伦敦一座标志性的宫殿、要塞，反映了英国不同朝代的建筑风格，有着特殊的历史意义。这个塔堡群在 1988 年被列为世界文化遗产。每年接待游客 250 万之多的伦敦塔，静静地伫立在泰晤士河北岸，像一位睿智的老人，看着世事变迁。

英国著名旅行作家戴维这样描述伦敦："英国有许多迷人的城市、城镇、乡村和小部落，不过，只有当你来到规模巨大的首都后，才会真正感受到英国的魅力。不同的人对伦敦可以有不同的看法，但绝不会是平庸的感觉。"

伦敦，一个古老而又现代的都市，在全球有着举世瞩目的地位，无数寻梦者从世界各地涌入这个城市，他们在这里奋斗、流汗，希望能找到属于自己的一席之地。

华莉丝从小就感觉自己与身边的人不同，她不愿早早嫁人，不想一辈子在沙漠里流浪放牧，也不甘心在摩加迪沙的亲戚家碌碌无为地混日子，当她发现有机会来伦敦时，没有考虑语言的隔阂，毅然决定来到大都市。

旅途的劳累，让华莉丝一到玛瑞姆姨妈家，便倒在床上沉沉睡去，一觉睡到第二天早上。等她睁开眼睛，看到姨妈房间里华丽的布置，以及窗外树枝上跳跃着碎金般的阳光，觉得自己想要的美好正在这里等着她，于是她伸个懒腰，吸了一口气，信心满满地起了床。

华莉丝一走出房间，姨妈便听到了楼上的响动，知道她起来了，就在楼下喊她的名字。华莉丝走到姨妈跟前，姨妈立马带她去了厨房，厨房布置得也很精致：天蓝色的瓷砖，银色的不锈钢水龙头，奶白色的橱柜，橱柜上有很多层抽屉。

玛瑞姆姨妈走过去，打开一个个抽屉，指给华莉丝看：抽屉里有洁白的碗具，锋利的刀类，各种食物和烹饪材料……姨妈一件件介绍着厨房物品的应用，站在一旁的华莉丝，仿佛在听着天书。

在沙漠里，她家根本没有厨房，一切都在野外进行，除了碗盘、锅、刀这类基本用品，再没有其他餐具；摩加迪沙亲戚家的厨房，和这里又完全不同，没有这么复杂。

姨妈还在继续说："每天早上六点半，姨夫吃早饭，他有糖尿病，要注意饮食搭配；早上七点，把咖啡送到我房间；孩子们九点去上学，八点吃早饭，必须在八点前把薄饼煎好；吃好早饭，先收拾厨房，再打扫各层楼的房间……"

华莉丝在心里说："天哪，这么多活，就我一个人，来得及吗？"十四岁的她还是一个孩子，初来乍到，看着一本正经的姨妈，不敢说出来。当听到煎饼时，她小声说："你说的那个煎饼，我没看到过，不知该如何做？"

刚刚滔滔不绝的姨妈，仿佛像受阻的流水，突然顿住了，看着华莉丝，深深地吸口气，再长长地吐出来，说："第一次我可以教你，我做时你站在旁边看，以后这些都是你的工作。"

在姨妈的示范下，华莉丝总算学会了做煎饼，也掌握了厨房餐具的功能和作用。每当打开水龙头，看到白花花的自来水奔涌而来，总让华莉丝想起生活在沙漠时，为了找水，常常要去很远的地方，有时候几天都找不到水。她常常怀疑这一切都不是真实的，一次次用手掬来水喝，当甘甜的水流入心扉，才确认这不是幻觉。

姨妈家有一个司机，送姨夫去大使馆上班后，再回家接孩子去读书；还有一个大厨，每周一到周六，他烧晚饭，周日的晚饭则由华莉丝做；余下的事都是华莉丝一个人的事。这么一大家子人，华莉丝独自照顾着他们的起居、饮食和家庭卫生。

华莉丝每天早上六点起床，按照姨妈吩咐的节奏，先给姨夫做早餐，再给姨妈送咖啡，接着给表兄妹们做早餐，早餐完毕，自己草草吃一点，就开始打扫厨房，然后打扫每一间房子，忙到午夜才结束，常常头一挨枕头就睡着了，好像才睡下去，闹钟却又响了。

玛瑞姆姨妈没有萨如姨妈和善，她做事一板一眼，每一步都要按着她的心愿去做，如果有一件事没有按着她的标准完成，她会大叫："华莉丝，卫生间没有打扫干净。""华莉丝，地面上还有污迹。"华莉丝就得重新再来，直到她满意为止。

在沙漠时，大家对时间没有具体概念，只是看着太阳判断是上午还是下午，到玛瑞姆姨妈家后，按着姨妈的要求，为了把时间掌握得分毫不差，她不得不看着时钟办事，整个人像陀螺一样，直到干完所有的活。

没过几天，华莉丝就意识到了，这里的生活和在家里时并没有多少区别。日复一日重复的生活，很快使她失去了对新生活的向往，梦中遥远的地方，她以为能看到不一样的世界，不料日子却是惊人的相似。

值得庆幸的是，她和姨妈的长女巴斯玛成了好朋友。巴斯玛年纪和她差不多，长得很漂亮，很多男同学在追她，她却像一只高傲的孔雀，看都不看他们。她喜欢看书，每天放学后就在自己房间里看书，常常看得连饭都忘了吃，她看的多是言情小说，故事里的男主角和女主角在经受一番挫折后，终于幸福地牵手。在这个少女怀春的年龄里，巴斯玛常常一边看书一边发出"吃吃"的笑声。

华莉丝想找人聊天时就会去找她，可巴斯玛却总是沉浸在故事里，从小爱听故事的华莉丝，便要求巴斯玛把小说里的故事讲给她听，这时巴斯玛才放下手中的书，绘声绘色地给她讲故事。听着故事，华莉丝想："要是我识字，该有多好，想要什么样的故事就看什么书，那是一件多么愉快的事。"

住在姨妈家的舅舅阿卜杜拉在伦敦读大学，有一天他问华莉丝："华莉丝，你想不想认字？"华莉丝说："做梦都想。"阿卜杜拉说："这附近有所夜校，一个星期三个晚上有课，上课时间从九点到十一点，如果你想去，我带你去一次，以后你就自己去。"

　　华莉丝在姨妈家做女仆，姨夫每个月只给她一点可怜的零花钱，她可没钱交学费，于是苦着脸说："我可没钱交学费。"阿卜杜拉说："你放心，那里不要学费。"没想到还有这样的好事儿，华莉丝开心地跳起来，想到如果能识英文，以后可以随便看书，也可以和任何人交流。

　　在姨妈家，大家都是索马里人，平时说话都是用索马里语，虽然华莉丝已经在这里生活了一段时间，但她除了偶尔能听懂几个单词外，对英语还是很陌生。一心想要认字的华莉丝，听了舅舅的话，当即跑去找姨妈，恳求姨妈让她去读书。

　　姨妈不同意，怕她影响干活，华莉丝说："姨妈，求求你，我可以起得早一点，睡得晚一点，保证不影响平时的工作，好不好？"姨妈看着一脸哀求的华莉丝，说："等你姨夫回来，我问问他，如果他同意那你就去。"

　　姨夫回家吃完晚饭，华莉丝就赶紧去找姨妈，姨妈说："你姨夫不同意，我没办法。"华莉丝想再哀求姨妈，看到姨妈脸上露出不耐烦的神色，知道她不会违背姨夫的意愿，只能黯然地继续干活。

　　因为读书这事儿，华莉丝情绪低落了好几天，看到家里其他孩子都在读书，只有自己每天对着一堆家务活，华莉丝的叛逆心又上来了："你们不让我去，我就偷偷去。"她去央求阿卜杜拉舅舅，舅舅同意那天晚上带她去，白天她加速把活干完，虽然很累，但想到可以去学校，心中还是像开满了鲜花。

十五岁的华莉丝第一次有机会跨入学校，走进教室的她看到位置上坐着各种肤色的人，年龄层次的跨度也很大。教室里的人虽然很多，但是很安静，除了老师上课的声音外，只有笔在纸上记录的"沙沙"声。

华莉丝知道读书的机会来之不易，因此上课时很专心，白天在家干活时，她还在脑子里温习老师上过的课。她学得很认真，对老师上过的课掌握得很好，老师也发现了这点，对她说："华莉丝，慢慢来。"

很可惜，才学几周，华莉丝刚刚熟悉英语字母表，她私自出门读书的事就被姨夫知道了，姨夫觉得他的尊严受到了挑战，暴跳如雷，华莉丝只能结束这次短暂的求学经历。

熟悉了英语字母表的华莉丝，会找一些单词向表兄妹们请教，为了学习英语发音，她很希望能从电视上学习一点，可是家里人不允许她看电视。有一次她在客厅打扫卫生，朝着电视机多看了几眼，姨妈便大声呵斥："华莉丝，我们找你来不是让你来看电视的，快点干活。"华莉丝不敢再在客厅里看电视，偶尔从门缝里看几眼，偷偷学习。

玛瑞姆姨妈的二儿子叫哈吉，也在伦敦读大学，自从华莉丝来到他家后，他对华莉丝一直都很和善，每次看到华莉丝总是笑眯眯的，主动和她打招呼。在陌生的环境中有人主动亲近自己，这让华莉丝感到欣慰。

随着时间的流逝，华莉丝发现哈吉看她的眼光越来越古怪，总觉得有什么地方不对劲，因为是自家表哥，没有经历过异性间暧昧的华莉丝，一时又说不出是哪里不对。平时在楼梯上或卫生间门口无人的地方遇见华莉丝，哈吉总是嬉皮笑脸地拦住她，华莉丝走到左边，他拦到左边，华莉丝走到右边，他拦到右边。

有一天，华莉丝打扫好卫生间出来，哈吉又在门口拦住她，华莉丝说："哈吉，不要开玩笑了，我有很多活要做，如果来不及，要挨姨妈骂的。"哈吉还是拦住她，华莉丝只能用力一把推开他。

平时华莉丝在楼上打扫他房间时，哈吉会给她送牛奶或饮料；当她跪在地上擦地板时，哈吉跪在她对面，和她的脸凑得很近，她抬头的瞬间，差点嘴巴和嘴巴碰在一起。这一刻华莉丝确定，哈吉肯定藏着什么阴谋，她只想赶快打扫完毕，可以去其他房间。

一共有四层的大使官邸，四楼是孩子的卧室，华莉丝和小表妹舒克琳住在一起，她们的房间内有几级台阶，床放在高处。一天深夜，沉睡中的华莉丝被一阵跌跌撞撞的脚步声惊醒，她猜测应该是哈吉，家里其他人不喝酒，姨夫也绝不允许家里人喝得半醉而归。哈吉却觉得自己已是大人，平时偶尔喝点儿酒。

　　华莉丝听到脚步声朝着自己的房间走来，果然门被轻轻地推开了，借着窗外的光，华莉丝看清了进来的人就是哈吉，她心"怦怦"地跳起来，躺在床上一动不动。

　　哈吉怕吵醒睡着的舒克琳，蹑手蹑脚地走上台阶，不料，有些醉意的他一脚踩空，摔了一跤，于是他干脆直接爬到了华莉丝床边。一阵阵酒气扑面而来，他伸出手，想去触摸华莉丝的脸，华莉丝紧张至极，于是假装睡着，大大地翻了个身，故意大声地打呼噜。这一招果然灵验，哈吉怕舒克琳醒来，灰溜溜地爬回了自己的房间。

　　华莉丝怕这种事情再次发生，第二天，她就去和巴斯玛商量，巴斯玛听后给她出主意，让她准备一根棍子放床上，如果哈吉胆敢再去，就用棍子狠狠地教训他。华莉丝觉得这主意不错，如果不给哈吉点颜色看看，估计他不会死心，这只能给自己添麻烦。

　　晚上临睡前，华莉丝去厨房拿了擀面杖放在床里面，她心想如果哈吉被自己敲了后，立即跑回房间，死不承认来过她房间，那她也毫无办法，大家可能还会以为她在梦游，所以一定要留下一些证据证明哈吉确实来过，我得把他的眼镜打碎，这样他就没法耍赖了。

　　华莉丝虽然拿了擀面杖做好了准备工作，但她还是希望别再发生那样的事，毕竟大家生活在同一个屋檐下，抬头不见低头见的，她知道这事儿对谁都没有好处。可神没有听见华莉丝的祈祷，又是一个深夜，一直没睡踏实的华莉丝，再次听到了同样的脚步声朝着她的房间走来。与那天晚上一样，门被轻轻地推开了，哈吉蹑手蹑脚地走到她床边，低头喊着华莉丝的名字。

华莉丝一动不动，看着没有声响的华莉丝，哈吉以为她睡着了，于是把手伸到床边，穿过被缝，摸到了华莉丝的大腿，华莉丝举起擀面杖，阴暗中她隐约能看到反光的眼镜，于是朝着眼镜击去。

眼镜"啪"的一声在地面上发出碎裂的声音，哈吉被突如其来的一棒吓了一跳。没有眼镜的他，只能摸着往外爬，华莉丝打开灯，大喊："滚出去，深更半夜跑到我们房间来干吗？"

一旁的舒克琳被吵醒了，揉着眼睛坐起来，惊恐地问："怎么了，怎么了，发生了什么事？"然后看到快速爬出房间的哈吉。华莉丝的叫喊声吵醒了整座房子里的人，巴斯玛第一个赶来，明知故问："怎么了，发生了什么事？"然后大家一起涌到华莉丝的房间里，玛瑞姆姨妈也来了，她也问："发生了什么事？"

天真的舒克琳说："我刚刚看到哈吉从我们房间爬出去。"姨妈看看舒克琳，再看看华莉丝，严厉地说："大家都睡觉去。"

这事儿就这样过去了，再也没人提起，华莉丝几乎要怀疑这是不是自己做的一个梦。可是之后哈吉看到她的态度就完全变了，原本很和善的他，那天之后再看到华莉丝，眼睛里充满了仇恨。

转眼，华莉丝来到伦敦整整四年了，她在姨妈家做了四年的女仆，除了会做意大利面条，会擦马桶以外，什么都没有学会。

这是她想象中的远方吗？这是她要的生活吗？答案很明确——不是。可是她确确实实这样生活了四年，她还是原来的她，和在摩加迪沙的她没有多少区别，除了长得更高，依然不会讲流利的英语，依然没有学会其他生存技能。

时间就这样流逝着，除了年龄，她什么都没得到。

遇见伯乐，十八岁的模特初绽放

　　姨夫莫哈默德在德国的妹妹不幸去世后，姨父便把外甥女苏菲从德国接到伦敦来上学。在伦敦生活了两年多的华莉丝，在日常家务中又多了一份工作——每天接送苏菲上下学。这时的华莉丝已经十六岁了，五官更加精致，身材也更加高挑，即使在熙熙攘攘的人群里，也难掩其独特的光芒。

　　苏菲在万灵教会读书，大使官邸到学校要过几条街，每天早上，华莉丝都牵着苏菲的手，先送她去学校，然后再回家打扫卫生，放学时，再准时出现在校门口接苏菲回家，一天两次。就这样华莉丝有了和这座城市近距离接触的机会，看着城市里鳞次栉比的高楼，看着商铺里琳琅满目的商品，看着大街上来去自如的行人，华莉丝常常失神地想："什么时候，我能过上自己想要的生活？"她问自己想要什么样的生活，一时间也没有明确的答案，可是她知道，至少现在的生活不是她想要的。

几天后，华莉丝送苏菲去上学，她看到校门口站着一个四十多岁的男人，扎着马尾辫，穿着休闲服，很文艺。男人的目光大胆地追随着她，看到苏菲进了校门，华莉丝转身往家走时，男人迎了上去，用英语和华莉丝说话。听不懂英语的华莉丝，不知他在说什么，想到以前几次遇到男人的性侵，看到这个陌生男人主动和自己说话，潜意识里告诉她，这个男人肯定不安好心，想到这儿，华莉丝拔腿就跑。

接下去的几天，这个奇怪的男人都是如此，每次华莉丝来到学校门口，男人总是盯着她看，等她转身往回走时，就上来和她搭讪，华莉丝每次都像躲避瘟疫一样地跑回家。

就这样持续了一年，一天下午，华莉丝照例去学校接苏菲回家。那天，苏菲和一个漂亮的小女孩手拉着手走出校门，苏菲看到华莉丝，很高兴地把自己的好朋友介绍给她。这时，华莉丝看到那个扎马尾的男人，向她们走了过来，原来他是苏菲好朋友的父亲。

　　华莉丝看到这个骚扰男，既讨厌又害怕，于是拉起苏菲的手说："走，咱们回家。"不料，男人蹲下身，和苏菲说了几句话，华莉丝催促道："不要理他，我们回家。"苏菲对华莉丝说："华莉丝，他问我，你能不能听懂英语？"华莉丝说："听不懂，走吧，这是个讨厌的家伙。"苏菲会说索马里语、德语和英语，诚实的小姑娘一五一十地把华莉丝的话翻译了出来，男人听完苏菲的话，笑着点了点头。

　　之后没多久，华莉丝送完苏菲去上学，回来打算打扫卫生，等她走到楼上，听到门铃响了，她朝窗外看去，天哪，门口站着的竟然是那个扎马尾的男人，没想到他竟然尾随而来。

　　华莉丝想："我没和他说过话，也没和他有过任何接触，他为什么要找上门来？如果他在姨妈那里说我勾引他，或者说我和他上过床，那我真是百口莫辩了。"这时，姨妈已经打开门，站在门口和那男人说话，姨妈的声音越来越大，好像在争吵，一会儿，"砰"的一声，门被重重关上。华莉丝看到那个男人，一脸失望地走了。

　　华莉丝冲到楼下，急急地对姨妈说："姨妈，他和你说了什么，是不是说了我很多坏话？你要相信我，我和他什么都没说，什么都没做，我真的不知道他为什么要跟踪我！"

　　姨妈一脸愤怒，说："我相信你，不然他也不会找上家门。"华莉丝问："姨妈，他和你说了什么？"姨妈说："我也没搞清楚，他好像说他是摄影师，要给你拍照之类的话。别理他，已经被我打发了，我警告过他，叫他以后不要再纠缠你。"

在这个大家庭里，巴斯玛是华莉丝唯一的好朋友，华莉丝有什么事儿都会找巴斯玛商量，包括遇到这个奇怪的男人。当她把这事儿告诉巴斯玛后，巴斯玛说："大都市里有很多变态男人，他们专吊没有经验的女孩，你别理他就是。"华莉丝觉得巴斯玛说得对，决定不理睬那个男人。

那男人上门被姨妈骂后，华莉丝还是经常能在学校门口碰到他，男人不再上前和她说话，只是礼貌地朝她笑笑。一天，男人走到华莉丝身边，递给她一张名片，华莉丝有几秒钟的犹豫，最终还是接过了名片，然后快速离开。

转过一个路口，她把名片翻来覆去地看了看，她认识一个个字母，却不认识字母拼在一起的词组，看到旁边有个垃圾桶，她本想把名片丢进去，然而在放手的瞬间，她又将手缩了回来。回想起从第一次看到他到现在差不多已经两年了，她觉得他并没有恶意，于是就把名片放进了口袋。

那天晚上，等所有人都睡着了，华莉丝走进巴斯玛的房间，巴斯玛正专心致志地看她的小说。华莉丝叫了一声："巴斯玛。"巴斯玛头都没抬，只是从嘴里发出一个含糊的回答："嗯。"华莉丝知道这时的她不想被打扰，但是她很想知道名片上到底写着什么。于是华莉丝拿出名片说："巴斯玛，你听我说，好吗？

我和你说过的那个奇怪男人，今天给了我一张名片，我不知道上面写着什么，你能帮我看看吗？"

巴斯玛极不情愿地放下书，从华莉丝的手中接过名片，看了看说："他是一个时尚摄影师。"华莉丝说："什么是时尚摄影师？"巴斯玛说："就是拍照片的。"华莉丝说："是拍那种穿着很漂亮的衣服的照片吗？"巴斯玛重又拿起书本，眼睛再度盯到书上，不耐烦地说："具体我不知道，真的，华莉丝。"

就这样，时间又一天天地过去了，姨夫在伦敦大使馆四年的任期满后，他们就都回索马里去了。华莉丝独自在伦敦留了下来，在朋友哈乌的帮助下，她在麦当劳找了一份在厨房擦地板的工作，每天把自己弄得油乎乎的。

一天下午，华莉丝忙完了工作，在下班时间，当她从点菜单的柜台前经过时，意外遇到了那个扎马尾的男人。此刻的他正带着女儿在等点好的汉堡，这时的华莉丝已经不是两年前的华莉丝了，虽然她还是不习惯和陌生人交往，但是会强迫自己和一些人打招呼。

她从他们身边走过，微笑着和他们打招呼："嗨，你们好，好久不见。"男人脸上浮现出惊喜的表情，他肯定没想到会在这里再次遇见华莉丝。华莉丝朝他笑笑后，转身和苏菲的同学打招呼："你好，近来好吗？"小姑娘说："谢谢，我很好，你呢？"男人想要和华莉丝说话，华莉丝对他还是心有戒备，于是挥挥手后，转身就走了。

华莉丝回到青年会，和哈乌说起这个男人的事，哈乌一脸稀奇，说："名片还在吗？拿出来我看看。"华莉丝拿出平时放钱的一个小袋子，那张名片她始终珍藏着。

哈乌看了看，说："他说他叫马尔科姆·费尔柴尔德，是一个时尚摄影师。"华莉丝说："什么是时尚摄影师？"哈乌解释："就是给你穿很漂亮的衣服，然后给你拍照。"华莉丝说："这样啊，我最喜欢穿漂亮的衣服了，如果还能给拍照，这是多么享受的事啊。"

她想了想说："哈乌，你说能相信吗？当时他跟踪我到姨妈家，被我姨妈狠狠地骂了一顿。"哈乌说："先不说能不能相信，名片上有他的电话，我们可以先打电话了解了解。"华莉丝说："我英文不好，怕无法交流，要不你帮我打？"哈乌说："没事儿，我来打。"

华莉丝和哈乌走出青年会，到街上找到一个投币电话，华莉丝紧张地站在一边，哈乌拨出号码后，电话接通了，哈乌对着电话说："您好，您是马尔科姆·费尔柴尔德先生吗？"在得到对方的肯定回答后，哈乌说："我是华莉丝的朋友，您几年前给了她一张名片，我们想问一下，您是不是骗子，会不会害我朋友……我们不认识您，怎么相信您呢……去您工作室找您……您工作室在哪里……"

　　哈乌一边讲着电话，一边在名片的背面记录着什么，等她放下电话，华莉丝就急切地问："他说什么，他说什么了？"哈乌说："他说如果我们相信他，可以去他工作室找他，如果我们不相信他，那也没事。"华莉丝说："就这样？"哈乌说："还想怎样？"

　　两人同时笑起来，华莉丝："那你说要不要去找他？"哈乌说："为了弄明白他是什么样的人，去他工作室看看应该没事儿。你看，这是他工作室的地址。"哈乌指着名片后面她刚刚写下的一行字给华莉丝看。

　　华莉丝说："行，那我们去看看，你陪我去，好不好？"哈乌说："当然好。"

　　第二天，华莉丝和哈乌一起来到了马尔科姆·费尔柴尔德的工作室，推门进去的那一刻，华莉丝就看到了墙上挂着的很多招贴画，画上的女人五官精致，身材各异，有性感的、有高雅的、有秀气的、有艳丽的……虽然呈现的是不同的女性，可无一例外，她们都是美丽的。

　　华莉丝仿佛打开了一扇久闭的窗户，窗门一开，窗外的春天"哗啦啦"地就都扑入了眼里，内心有个声音坚定地告诉她："对，就是这里，这是我想要的生活。"

　　就像十二岁那年，父亲为五峰骆驼就要把她嫁给一个老头一样，她知道那不是她要的生活，于是便不顾路途艰辛，冒险穿越沙漠；又像在萨如姨妈家，听到莫哈默德姨夫说去伦敦的事儿时，她就觉得那是她要去的地方，于是不管语言的隔阂决定前往；当姨夫结束伦敦的工作，举家迁回索马里时，她想尽办法独自留了下来，没有什么力量能够阻止她。

马尔科姆看到她俩后，赶紧站起来跟她们打招呼，还给她们泡了茶。坐定后，马尔科姆对哈乌说："我第一次在校门口看到她，就被她吸引，觉得她脸上的轮廓实在太美了，为了给这个小姑娘拍照，我跟踪了她两年多的时间，从来没遇到过这么难搞定的事。现在，麻烦你把我的意思转告给她。"

华莉丝听了哈乌的话，大张着嘴巴半天合不拢。他跟踪自己，给自己名片，想和自己说话，原来只是想给自己拍照，事情就是这么简单。想到当时的自己把这事儿想得有多复杂，并且还在心里无数次地骂过他"猪猡""变态"这些难听的话，华莉丝有点儿过意不去。

但华莉丝还是不敢相信，于是用手指着自己问马尔科姆："你只是想给我拍照，就这么简单？"马尔科姆说："对，就是这么简单。"说完，笑了起来，华莉丝也笑了，气氛一下子轻松了。

华莉丝想到自己遇到的很多男人，做出的都是令她厌恶的事，她还没有完全相信马尔科姆，于是指指哈乌说："我拍照时她必须全程陪着我。"马尔科姆脸上露出略微惊讶的神色，不过马上同意了她的要求，说："可以，你们后天上午过来。"

华莉丝和哈乌从马尔科姆的工作室走出来，金黄色的阳光立即包围了她，华莉丝张开长长的手臂，在原地疯狂地转了很多圈后才停下来，不无遗憾地对哈乌说："我浪费了两年的时间，如果一开始就听懂了他的话，那该有多好。"

哈乌说："不要遗憾，一个人在什么时候做什么事，都是命中安排好的，我们需要的是能够好好掌握未来。"华莉丝点点头，牵起好朋友的手，大步朝前走去。

很快就到了和马尔科姆约定的日子，华莉丝和哈乌一起来到了他的工作室。马尔科姆先让化妆师给华莉丝上妆，化妆师让她坐到梳妆台前，梳妆台上放着棉球、面霜、腮红、粉底等各色化妆用具，这时的华莉丝还从来没有拥有过这些东西。

化妆师在华莉丝的脸上这里搽搽，那里画画，这里涂涂，那里掸掸，过了些时候，化妆师对华莉丝说："好了，你可以在镜子里看看自己。"华莉丝站起来，看着镜子中的自己，化过妆的半边脸金光闪闪，就像被魔术棒点化过，成了一个光彩夺目的华莉丝，没有化妆的半边脸还是原来的那个华莉丝，平庸普通。

她问化妆师："还有半边没搞啊？"化妆师笑着说："只拍你半张脸。"华莉丝遗憾地看着镜子中的自己，如果整张脸都化过妆，那将会是一个怎样的华莉丝呢？

　　化妆师把华莉丝带到摄影间，她看到摄影间里的一切都是陌生的：各种照相机、照明灯，各种摆设以及满地的电线……这个陌生的世界，华莉丝从来没有接触过，在这之前，她做梦都没想到过，这一切突然会有一天和自己有了关联，她几次怀疑自己是在梦中。

　　马尔科姆让她在一把转椅上坐下来，紧闭嘴巴，眼睛看着他指定的一个角度。一切准备好后，他把照相机转到华莉丝的面前，对着她的脸调好焦距，一道白光倏然亮起又瞬间消失，仅仅几秒钟的时间，华莉丝完成了人生中的第一次拍摄。为了这几秒钟，摄影师马尔科姆等了两年多。

　　拍摄时间虽然只有短短的几秒钟，华莉丝却很享受这个过程。这一刻，她感觉自己和那些明星一样，正走在红地毯上，向台下的观众频频挥手。拍完后，马尔科姆看着手腕上的表开始计时，一会儿后，又拿着一张纸片，带着华莉丝走到有光亮的地方，纸片上，一个女人的半边脸慢慢地清晰起来，那脸美得惊心动魄，连华莉丝自己都认不出。

　　化妆师和马尔科姆就像点石成金的神手指，把平凡的华莉丝变成了光彩夺目的华莉丝，她的照片也被挂到墙上，和那些美女们的在一起也毫不逊色，华莉丝迈出了模特生涯的第一步。

　　韩愈说："千里马常有，而伯乐不常有。"如果你是一匹劣马，即使身边有一百个伯乐都无济于事；如果你是一匹千里马，刚好遇见伯乐，人生就会有不一样的精彩。因为马尔科姆，华莉丝的模特事业就像一朵刚刚绽放的初蕾，摇曳在初阳中。

最美的那抹红，做自己的女王

　　此刻，看到前方光亮的华莉丝，不禁想起了自己想方设法留在伦敦的选择有多正确。她来到伦敦已经整整四年了，可生活圈子还是小得可怜，每天除了在那座四层洋房里拼命干活，再也没有其他的娱乐活动。从摩加迪沙出发时，她以为四年的时间很漫长，可在不经意间，四年时光已然如水般流走，随着姨夫在伦敦大使馆的任期结束，华莉丝在伦敦的生活也将终结。

　　多少贫穷的非洲人，想尽办法来到欧洲这片富裕的土地，梦想着能在这里挣到大把的银子，然后在乡人们羡慕的目光中衣锦还乡。华莉丝想到了自己的家人在沙漠中流浪的岁月，他们没有房子，只能不断地迁徙，她最初的梦想是希望自己能够在富得流油的伦敦，挣些钱给家里人在索马里买座房子。

她帮佣得来的钱虽然不多，但是不能说完全没有希望给家人买座房子。两国间存在着巨大的贫富差异，如果在英国赚到几千美金，到非洲就能买到一座不错的房子，如果父母有了房子，就不用再到处流浪。

可这四年过去，华莉丝可以说还是一无所有，她不想回到索马里去，回到索马里，她能干什么呢？是继续留在摩加迪沙，帮自己的亲戚做免费保姆，还是回到沙漠去继续放牧或嫁人？如果这样，那她受的苦都白受了，这四年的伦敦生活，更是一种浪费。"我不想回去，我要在这里生活下去。"华莉丝的内心有着强烈的留下来的愿望。

她把自己的想法和姨夫说了："姨夫，我想留在伦敦，希望您能帮我介绍一份工作。"姨夫在大使馆工作，这里有很多他的朋友，帮华莉丝找一份工作很容易。

可姨夫听完她的话后就一口回绝了，说："你不会英语，又没有其他从业经验，留在这里，能做什么？"姨妈也坚决不同意，他们的担心是真实的，一个年轻的女孩，在人生地不熟的伦敦，将要面临多少艰难？

姨妈说："华莉丝，你必须和我们一起回家，不然我没法和你母亲交代。"

华莉丝看到姨夫姨妈坚决的态度，想要得到他们的帮助看来已是不可能。临走的日子即将到来，还没想到如何在伦敦生活下去的她，却清楚地意识到，想要在伦敦生活，首先就是不离开。

为了让自己留下来，她把护照藏到了花园里的泥地下，没有了护照就没法回国，这是她唯一能想到的办法。临走前一晚，大家都在准备行李，华莉丝对大家说："我的护照找不到了。"

姨妈尖叫道："大家都帮着找，一定要找出来！"于是所有人都加入寻找护照的队伍中，华莉丝也忙着到处找，一直忙碌到了半夜，当然一切都是白费。

姨妈恐吓她："华莉丝，你不要给我耍花招，即使没有护照，我也会把你带回家。到时把你装在行李箱里带上飞机，这种事儿干的人多了。"

华莉丝真怕他们这样做，后半夜大家都熟睡了，她睁眼到天亮。天一亮，接他们出发的车子就来了，大家各自忙碌着把自己的东西搬上车，姨夫、姨妈让华莉丝也赶紧搬东西，但她站着一动不动。

她用坚决的态度告诉他们，她要留下来，她还抱着一丝幻想，希望最后一刻姨夫能帮她找一份工作。姨妈冷冰冰地说：

"即使你一定要留下来，我们也不会帮你任何忙。"

大家都上车了，姨夫、姨妈看着华莉丝，他们的眼神告诉她："看你有多行，你非要留下来，看你如何活下去？"

车子终于启动了，华莉丝也跟着车子走到街上，挥手和大家道别。看着车子汇入车流中，她知道自己终于留下来了，想到从此再不受人管束，自己就是自己的女王，那种喜悦不言而喻。

她回到大使官邸，这时新的大使还没来，旧主已走，整幢房子空荡荡的，只有厨师还在，等着新一任的主人来临。在共处的日子里，华莉丝和厨子相处得不愉快，这个厨师除了讨好姨夫、姨妈的功夫一流外，做的饭菜并不好吃，他还时常在姨妈面前编派华莉丝的不是，老说她没把厨房打扫干净。

华莉丝不喜欢吃厨师做的晚饭，姨妈准许她自己做着吃。天生有烹饪才能的华莉丝，常常用食材创造出一些花式食物，家里人看到她做的美食，也总爱尝一口，后来大家常常问她打算做什么，需不需要帮她在市场上买配料和食材。这样一来，那厨师更是把华莉丝当成了眼中钉。

见大家都走了，厨师见华莉丝回来，要求她立即搬走，连一个晚上都不许她留下来，在新大使来临之前，他俨然成了这座房子的主人。华莉丝看到厨师这副嘴脸，不想和他多说，到阁楼里简单整理了一下行李，就走出生活了四年的房子。

这天阳光灿烂，跟她四年前来时大雪纷飞的景象完全不同。

当她走在街上，看到来来去去的都市男女，穿着时尚的服饰，成为街上一道亮丽的风景时，她决定先给自己买套衣服。

四年前华莉丝刚到伦敦时，身上除了萨如姨妈买的裙子，再也没有其他服饰，那时玛瑞姆姨妈让巴斯玛带她去赛尔夫瑞基商场买过冬装，她决定去赛尔夫瑞基商场看看。这是她人生中第一次自己的事自己作主，没有大人在一旁指手画脚，虽然兜里的钱少得可怜，但想到自己将要成为都市里万千独立女性中的一员时，自由的感觉让她想要飞起来。

她走进第一家服装店，拿起红色的衣服试试，觉得不如黄色的，穿了黄色的，又觉得绿色的好看……穿了一件又一件，决定一件时，转念又想："说不定下一家服装更便宜，质量更好。"

这时，两名营业员看到她试穿了一大堆衣服，就问她："小姐，确定买哪一件了吗？"华莉丝说："对不起，我还想去其他店看看。"于是，在身后两个营业员轻蔑的目光中，她昂着头走了。

华莉丝喜欢这种感觉：穿着各种款式的衣服，在镜子里看到不同的自己，这种感觉太美妙了。为了让这种感觉更持久一些，她打算一家服装店一家服装店试穿下去，直到自己不想再试穿为止。

当她再次走进一家服装店时，看到整理衣服的营业员，和自己一样有着黑皮肤。华莉丝想，如果她是索马里人就好了，于是就拿起一件衣服，用索马里语对那女孩说："你好，想麻烦你帮我参考一下，这件衣服适合我吗？"

那女孩转过脸，漂亮的脸蛋上，一双好看的眼睛里露出了惊讶的神色，她也用索马里语对华莉丝说："你也是索马里人？"他乡遇老乡，两眼泪汪汪，华莉丝和这个叫哈乌的女孩，就这样聊上了。

冬日的傍晚，最后一缕阳光悄悄消失，夜幕即将来临，哈乌问华莉丝："你住在哪里，在哪里上班？"华莉丝说："我姨夫原本在大使馆里上班，我在他家做女仆，他们今天都回索马里了，我不想回去，就留了下来，我现在一无所有，没有工作，也没有住处。"

每一个来到欧洲的人，都有留下来的理由，索马里那样贫穷，一旦出来，只要有希望，谁都不想再回去。哈乌能理解华莉丝的心情，于是说："这样啊，我住在基督教青年会，我马上下班，今晚你就跟我去住一晚，房子虽然小，只有一张床，但两人勉强挤挤还可以。"

对于无处可去的华莉丝来说，这无疑是天上掉了个大大的馅饼，眼前最重要的困难居然就这样解决了。哈乌说："不过你得想想，接下去该怎么办？打算找什么工作？"等哈乌下班，两个女孩并肩走在街上，商铺一家家开始关门，伦敦晚上是个安静的城市，不像某些城市彻夜不眠。

　　华莉丝来到哈乌居住的地方，房间很小，东西也很简单，除了一张床和简单的日常用品外，还有一台小小的电视机，华莉丝惊喜地叫道："还有电视机啊。"哈乌说："对啊，你打开看吧。"华莉丝还是不敢相信自己的耳朵，再问了一遍："我可以看？"哈乌说："可以啊，随便看，想看多久就看多久！"

　　华莉丝打开电视，坐到电视机前，贪婪地看起节目，哈乌说："看这么认真，好像没看过电视一样。"华莉丝说："是啊，我姨妈一家不让我看电视，有时我偷偷看一眼，姨妈都要呵责我，叫我快点去干活。"

　　华莉丝不禁想到了在玛瑞姆姨妈家，姨妈把她当成一个真正的仆人，总是一板一眼地让她照着吩咐干活，如果有一点做得不顺姨妈的心意，就会被要求重做。瓷砖要一尘不染，地板要擦得锃亮，在这陌生的国度，好像一切按着要求完成，才能让姨妈有归属感。

　　华莉丝在哈乌的房间里一住就是几天，她觉得这样不是办法。她想在青年会里找间房子，这里房租便宜，设施却很好，有游泳池和健身房，这里住的都是年轻人，容易认识人，大家也能够相互帮助。

　　可这里已经住满了人，要先登记名字，等有人搬走，得到通知后才能搬进来。青年会对面是基督教女青年会，那里住的多是上了年纪的人，环境比较差，气氛也郁闷，可是华莉丝还是决定先在那边住下来。

有了哈乌这个朋友的指点，华莉丝的独立之路走得顺利多了。不会英语的华莉丝，原本打算先去学习英语，等会英语后再去找工作，但哈乌对她说："学英语可以慢慢来，你当务之急是解决温饱问题。"

华莉丝想想也对，身上的一点儿钱花不了几天就要没了，如果能先工作当然是好事，但是她不知道该去哪里找工作。哈乌说："不如就近处理，旁边有家麦当劳店，你可以去那里工作。"华莉丝说："我不会英语，人家不要我的。"哈乌说："你去试试看再说，那里有大把像你一样不会英语的人。"

华莉丝不相信，但是第二天她还是去麦当劳店里看了，人家果然聘用了她。她的工作是在厨房里擦地板，每天对着脏兮兮的地板不断地擦。这里没有顾客，只有和自己一样干活的人，管你会不会说英语，哪怕是哑巴，能做事就行。

在后台工作的人，都是像华莉丝这样的非法移民，老板就是看中了他们这点儿，知道他们在别的地方工作难找，可以拼命剥削他们。对于老板来说，只要聘请的员工工资低，管你合法不合法。

对这份工作，华莉丝干起来也得心应手，她在姨妈家做了四年女仆，自然有不少干活的窍门。这活虽然又累又脏，但华莉丝仍为得到这份工作感到高兴，这至少暂时解决了她眼前的困难，但是她也知道，她不会在这里干一辈子，总有一天她会离开这里，她会有更好的未来，虽然她不知道未来在哪里，但是她坚信。

在打工之余，一心想学习英语读写的华莉丝，找了一家专门为外国人开办的免费学校学英语。平时常去夜店的哈乌，也带着她去夜店，这是华莉丝长这么大第一次有了娱乐活动。

那里的人好像都认识哈乌，大家总是抢着和她跳舞，她和他们有说有笑。一天晚上，华莉丝和哈乌忘情地跳了几个小时的舞，等她们停下来，看到身边站着很多男人在看她们跳舞。华莉丝的目光扫过他们的脸，在他们脸上看到了欣赏，华莉丝问哈乌："他们都喜欢我们，想和我们跳舞？"哈乌笑着说："对啊。"

华莉丝喜欢黑种人，她总觉得白种人就像阳光没晒够似的，对她有兴趣的，却多是白种人。华莉丝已经十八岁了，却还没有恋爱过，也没有和其他男人有过亲密的接触，如果硬说要有，那也只有哈吉对她表露过暧昧。

在索马里长大的华莉丝，从小接受的是男尊女卑的文化传统。可是她知道，她已经来到了大都市，如果要在大都市里更好地生活下去，必须学会和人相处，每认识一个人，都有可能给她带来改变命运的机会。尽管害羞，她还是勇敢地和大家交流。

每次从夜店回家，哈乌总会告诉华莉丝一些新的东西，如何有距离地和男人交往，如何保持底线，如何从他们的言谈中猜测他们的个性……原本生活在狭隘空间里的华莉丝，真正走进了社会的大课堂。

哈乌说："你可以和他们跳舞，和他们聊天，和他们打闹，但是不能被他们哄骗上床，他们不知道我们被割礼过。"

日子就这样在愉快中流逝着。过了几个月，华莉丝认识了一个住在青年会里的女孩子，她是一个学生，一个人住了一间大房子，刚好在找合租的人。华莉丝知道后，和她取得了联系，得到同意后，华莉丝就赶紧从基督教女青年会里搬了过来，和闺密哈乌住到了一起，两人开心得都想把地掀过来。

这里全是年轻人，有很多共同的话题，华莉丝很快就认识了一大群人，过着充实的生活——上班、夜店狂欢、在青年会的健身场所健身、在游泳池里学游泳，然后继续去免费学校读书。

生活最大的悲哀是拥有空虚的灵魂。华莉丝脱离大使官邸的生活后，没有了家务的羁绊，没有了家人的监督，凡事自己做主，做着想做的事，过着充实的生活，她成了自己的女王。

不同的人生，别样的精彩

Chapter 3

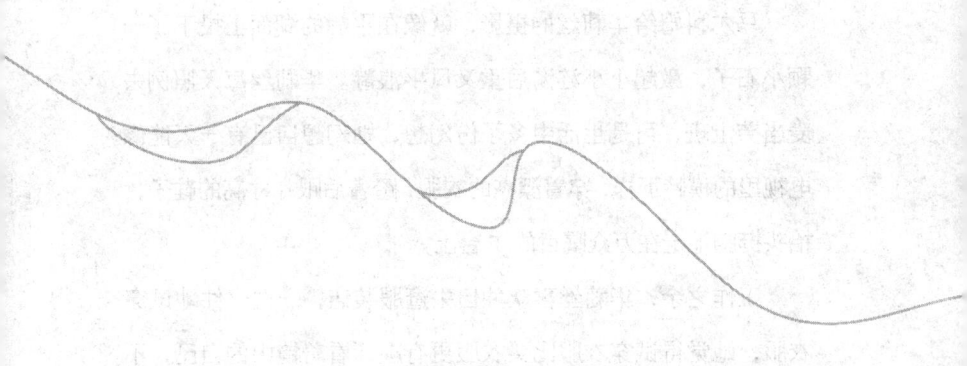

沙漠之花更艳丽

　　马尔科姆给华莉丝的摄影，就像在平静的湖面上投下了一颗小石子，激起小小涟漪后重又风平浪静。华莉丝每天照例去麦当劳上班，可是生活中多了份幻想，她幻想自己有一天能像电视里的模特那样，穿着漂亮的衣服，蹬着后跟几寸高的鞋子，抬头挺胸地走在万众瞩目的 T 台上。

　　工作之余，华莉丝喜欢独自去逛服装店，一件一件地试穿衣服，她觉得试穿衣服比买衣服更有趣，看着镜中的自己，不同的服装能呈现出不同的她,这时的她或容光焕发,或自信满满,会觉得美好的未来触手可及。

记得还在莫哈默德姨夫家做女仆时,华莉丝就喜欢试穿他人的服装。一天晚上,华莉丝拉着巴斯玛一起走进姨夫的房间,她拿出姨夫的西服穿起来,巴斯玛惊呼道:"华莉丝,你疯了,我爸爸最不喜欢别人动他的衣服。"华莉丝说:"没事,巴斯玛,如果姨夫怪罪下来,一切由我负责,你只要照着我的指示做就是。"

华莉丝穿好衣服,再戴上姨夫的帽子,把帽檐拉得很低,打扮好后,华莉丝对巴斯玛说:"巴斯玛,你和姨夫去说,有人找他。"巴斯玛担心地说:"你确定不会有事?"华莉丝说:"去吧,没事。"

巴斯玛走到客厅里对父亲说:"爸爸,来了一个人,'他'要见你。"大使皱着眉头说:"谁啊,都这么晚了,找我什么事,你认识'他'吗?"巴斯玛支支吾吾地说:"好像……'他'……认识……大概……"大使生气地说:"怎么了,到底认不认识,连一句话都说不完整吗?"

巴斯玛吓得不敢再说话,大使站起来,打开门,看到门口站着一个身材高挑的人,低低的帽檐几乎盖住了整个脸,她迈着优雅的步伐款款地走进客厅。大使低下头,努力地想看清楚这张脸,当他看到是华莉丝时,忍不住被她的装扮惹得哈哈大笑。这时其他人也都注意到了是华莉丝，大家也都跟着笑起来，整座大使官邸充满了愉快的笑声。

当大使认出华莉丝穿的是他的衣服后，努力抑制住笑声，用手指着衣服对华莉丝说："谁让你动我的衣服了，你胆子够大的。"华莉丝说："姨夫，我是想逗你们开心开心，大家这样快乐难道不好吗？"大使说："反正以后不许再穿我的衣服了，你们都知道，我最讨厌别人动我的东西。"

虽然姨夫说以后不许再穿他的衣服，但是华莉丝还是有过几次这样的装扮，不过时间间隔有点长，等大家把这事儿忘得差不多时，她就再来一次，每次都能逗得全家人开怀大笑。当有客人来时，姨夫和姨妈都会向客人说起，她穿着姨夫的衣服，在客厅里有模有样地走来走去，引得全家人大笑的事。

有些客人听了，向姨夫姨妈提出建议，可以让华莉丝去试试做模特儿，可是姨妈不同意，她认为索马里人不该这样抛头露面。但是姨妈有个朋友的女儿在做模特，她叫伊曼，每次她们母女来伦敦，姨妈都会邀请她们来家里住几天。

华莉丝以前从不知道还有一种职业叫模特，在姨妈和伊曼母女的聊天中，她才对模特一词有了概念。知道伊曼是模特后，华莉丝很想有机会能接近她，可是伊曼在姨妈家是座上宾，常常和姨妈坐在客厅里聊天，作为仆人的华莉丝无权参与她们的交谈，好几次都错过了和伊曼接近的机会。

又有一天，伊曼再次来到了姨妈家。那天晚上，伊曼一个人早早地就到房间里看书了，华莉丝觉得机会来了，于是走进了伊曼的房间，问她："你好，需要给你拿点儿喝的吗？"伊曼说："谢谢，给我来一杯药草茶吧。"

华莉丝去厨房给她泡了一杯药草茶，之后端着茶再次来到伊曼的房间，对伊曼说："我很喜欢你，我的房间里贴了很多你的照片。"伊曼对她笑笑，没有说什么。华莉丝怕再错过机会，急急地说："我也很想当模特儿，你能不能告诉我，该如何开始？"

华莉丝忘了那天晚上，伊曼是如何在她热切的期盼中回答了她的问题，与伊曼的这次短暂聊天，并没有给她的生活带来丝毫改变。十年后，当她成了国际名模，在纽约的一间摄影棚里为露华浓拍广告时，化妆师告诉她，伊曼正在隔壁为自己的新化妆品拍摄系列广告。

华莉丝冲出去见她，对伊曼说："我是索马里人，我可以为你的产品做代言。"伊曼看了她一眼，说："我可请不起你。"伊曼已经完全认不出，眼前的华莉丝就是当年为她上过茶的女孩，这个女孩，当时曾心心念念想做模特。

在马尔科姆给华莉丝拍照后，华莉丝也幻想着自己有一天能成为模特儿，她天天盼望着马尔科姆能重新和她联系，可是几个月过去了，马尔科姆也没有和她联系。她继续日复一日地在麦当劳餐厅擦着地板。

　　一天，华莉丝下班回家，正在房间里休息，青年会总台有人来喊她接电话，华莉丝很奇怪，不知道给她打电话的人是谁，她认识的朋友基本都住在青年会里，大家抬头不见低头见的，没必要打电话。

　　她来到吧台，拿起听筒，听到电话里传来盼望已久的声音。马尔科姆说："华莉丝，有个经纪公司的负责人，在我的作品集里看到了你的照片，他们想找你做模特，你愿意吗？"

　　听着马尔科姆的话，华莉丝内心瞬间开满了鲜花，但是不安也随之而来，她说："要我一个人去吗？你能不能陪我去？"马尔科姆说："不，我没时间陪你去，我给你他们公司的地址和电话，你先和他们在电话里约好，然后再去。"

　　华莉丝记下了马尔科姆说的地址和电话号码。在结束了和他的通话后，华莉丝先做了几个深呼吸，然后拨通手中的号码，电话接通后，对面传来一个女人的声音，干脆利落地说："你好，我们是克劳馥模特经纪公司，看了你的照片，对你很感兴趣，希望能来我们公司一趟，了解一下详细情况。"

　　第二天，华莉丝去麦当劳请了假。想要努力抓住这次机会的华莉丝，认为在去经纪公司之前，有必要好好地打扮一下自己，于是找出平时最漂亮的一套衣服：一条 V 领短袖红裙子，裙子不长不短，刚好露出小腿，脚上穿了一双白色的球鞋。

华莉丝后来不止一次地想起这次装扮，当时认为最漂亮的衣服，其实很难看。在沙漠中长大的她，因为营养不良，双腿罗圈，刚刚到膝盖的裙子，让她的罗圈腿暴露无遗。还好当时没意识到难看，穿着认为最漂亮的衣服，她很自信地走进了克劳馥模特经纪公司。

当她来到克劳馥模特经纪公司，向前台说明来意后，前台工作人员问她有没有拍过作品集，华莉丝摇摇头，工作人员又问她有没有拍过照片，华莉丝说，拍过一张照片。

前台工作人员把她带到一间办公室，窗明几净的办公室里坐着一位干练硬朗的职业女性，她叫维罗妮卡，就是昨天和华莉丝通电话的人。维罗妮卡让华莉丝坐到她对面，简单地问了华莉丝的出生地和年龄等情况，接着问华莉丝："你现在在哪里上班？"华莉丝说："麦当劳。"维罗妮卡说："你愿意做模特儿吗？"华莉丝说："我愿意。"维罗妮卡继续说："你知道模特儿的工作是什么吗？"华莉丝说："我只知道我很想做这一行。"

维罗妮卡一边问华莉丝，一边在本子上不停地记录，面试结束后，她对华莉丝说："现在有个试镜的机会，你去试试。"

华莉丝不知道"试镜"是什么意思，她傻傻地说："你好，我没听明白您的话，'试镜'是什么？"维罗妮卡摇摇头，向她解释："就是你去找工作，人家面试你，看合适不合适这个工作岗位，试镜就是先拍照看看，是否适合这次的需要，明白了吗？"

　　华莉丝还是没完全听明白，但她也不好意思再问，只能一知半解地点点头说："嗯，明白了。"维罗妮卡在一张便条上写下一个地址递给华莉丝，对她说："我现在就给对方打电话，告诉他们你已经在路上了。"

　　华莉丝诚实地说："我走路过去，到那边要好一会儿呢。"维罗妮卡说："你打的过去，那边已经开始试镜了。"华莉丝说："我没钱。"维罗妮卡从自己的包里拿出了十英镑，递给华莉丝，说："打的过去，试镜一结束就给我打电话。"

　　坐在出租车里的华莉丝心花怒放，幻想着自己马上成了大名鼎鼎的模特，穿着光鲜亮丽的衣服，挣着大把的钱，笑容一直挂在她的脸上……等到了试镜地点后，她看到一个房间里站满了人，这些人的共性是——有着精致的五官，有着一双逆天大长腿，她们穿着高鞋跟，像骄傲的长颈鹿，在房间里走来走去。

　　在马尔科姆工作室里拍照算第一次的话，那这次就是华莉丝第二次来到拍照的地方。这一切对她来说都是陌生的，她问旁边的一个女孩："这是什么活儿？"那女孩奇怪地望了她一眼，说："倍耐力月历试镜。"华莉丝从没听到过什么月历日历，只是不懂装懂地点点头。

　　华莉丝在一条凳子上坐了下来，因为紧张，她的屁股不停地扭来扭去。助理不断地到门口叫着一个个模特的名字，当叫到华莉丝时，她对身边的模特说："你先去，我在等朋友。"

每次叫到她的名字，她都用这理由让别人先去，华莉丝不知道自己在恐惧什么，只是感到心在"扑通扑通"地跳个不停，直到房间里只剩下她一个人时，助理两手放在胸前，看着她说："你是最后一个了，快去吧。"

华莉丝对自己说："加油，华莉丝，你要勇敢，没有什么可怕的。"她终于走进摄影间，在照相机后面的男人一指前面的标记说："站到那儿去。"华莉丝按照要求站到了标记线后，男人继续说："把衣服脱了。"

华莉丝以为自己听错了，问他："你刚刚说什么？"男人不耐烦地说："开始拍照了，把衣服脱了。"华莉丝站在那儿，好一会儿才反应过来，愣愣地说："我没穿胸罩。"那人说："对，我们要看你的胸。"

天哪，这是什么话？竟然要看胸？华莉丝说："不行，我不干了，你们让我来拍照，原来是要看胸。"华莉丝委屈地哭了起来，她急忙往外走，因为太匆忙，还不小心把一本影集弄到了地上，地上散落的全是光着身的美女。

摄影师转过身，朝身后喊："特伦斯，我这边出了点儿状况。"一个声音在回答："啊，你说什么？我没听清。""不要脸的男人，不要脸的女人！"华莉丝用索马里语骂道，自顾自朝门口走去。

　　华莉丝回到房间后，倒在床上大哭，本以为自己能够去实现模特梦了，可谁知道这些白种男人这么无耻，居然在大庭广众之下要看女人的胸。华莉丝对自己说："华莉丝，你再不要做梦了，你不是做模特的料，你一辈子只配在厨房里擦地板。"

　　本以为梦想就要开花了，谁知道还没开始就被生生折断。她难受地躺在床上，盯着天花板哀悼着夭折的梦想。这时，又有人来喊她接电话，她怏怏地走到吧台前拿起听筒，听筒那边传来维罗妮卡的声音，华莉丝一听是维罗妮卡，便朝着电话大喊："你这个骗子，你们都是骗子，你们是流氓。"

　　维罗妮卡在电话那边说："华莉丝，你不要急，你慢慢说。"华莉丝说："他们要我脱衣服，要看我的胸。"维罗妮卡说："华莉丝，是我不对，我怕时间来不及，没和你说清楚。你干的是模特，他们要看你整体的身材，今天的摄影师还想见你。"

　　华莉丝说："不行，我不会去，脱衣服这种事，我怎么都不会做。"维罗妮卡说："你知道今天的摄影师是谁吗？他是特伦斯·多诺万，是美国一流的时尚摄影师，他拍过很多著名模特，是戴安娜王妃的御用摄影师。你身边有能听懂英文的朋友吗？不然你问问他们，肯定有很多人知道他的名字。"

　　华莉丝的声音弱了下来，但还是抗拒着："可是，我真的无法在男人面前脱掉衣服。"维罗妮卡说："华莉丝，你想想，你现在在麦当劳上班，一个月挣多少钱？"华莉丝告诉了她，她说："你现在一个月才挣这么点儿钱，特伦斯一天会给你一千五百镑。""真的，全部是我的？"华莉丝叫起来，要知道这对于她来说，可是天文数字。

"对，你干不干？他们这次是试镜，录用不录用还要最后等通知，如果这次成功了，你以后会有很多活。"维罗妮卡说。当华莉丝听到一天有一千五百镑的酬劳时，她在心里已经同意了，她怕还有变故，就问维罗妮卡："只是确定脱上衣吗？不要陪他们上床或者张开大腿？如果有，你一定要先告诉我。"维罗妮卡说："没有，华莉丝，我向你保证。"

第二天，华莉丝又来到了那个摄影工作室，其他模特已经试完镜，工作室里显得空了些，这次接见华莉丝的是特伦斯·多诺万，他看到华莉丝后，笑着说："你来了，过来。"他给华莉丝泡了一杯茶，拿出去年的倍耐力挂历，指着挂历上的美女给华莉丝看，然后告诉华莉丝拍摄倍耐力挂历的步骤。

特伦斯是做父亲的人了，知道华莉丝只不过是个受惊的孩子，于是很耐心地和她聊了起来，华莉丝的戒备心慢慢地消失了。特伦斯·多诺万看着放松的华莉丝说："可以开始了吗？"华莉丝最后喝了一口茶，点点头说："可以。"她自动走到标记线后，脱下衣服，美丽的胴体就像一朵初放的花，第一次毫无保留地呈现在镜头前。

特伦斯·多诺万按下相机的快门，随着闪光灯亮起又熄灭，一个赤裸着上身的大漠女孩，站在"阳光"下的镜头被永远地记录了下来。特伦斯·多诺万从相机里拿出华莉丝的黑白照，华莉丝看着照片中的自己，虽然裸露，却没有一丝下流之感。

当天晚上，华莉丝接到维罗妮卡的电话，说她被录用了，接到电话的那一刻，伦敦的夜空星光灿烂，空气中到处弥漫着兴奋和愉悦。

1987 年倍耐力挂历拍摄地选在巴斯，摄影队入住的是当地最好的酒店。富丽堂皇的酒店如皇宫一样。这是华莉丝第一次入住这么豪华的酒店，以前的贫穷限制了她的想象。

那次一起入选的还有后来大红大紫的名模娜奥米·坎贝尔。1970 年出生的她当时只有十七岁，长得乖巧甜美，娜奥米不敢一个人睡，第一天晚上她就找到华莉丝，要求和华莉丝睡在一起。华莉丝从小照顾惯了弟弟妹妹，很会照顾人，平时朋友们都开玩笑叫她"妈妈"。华莉丝对娜奥米说："没关系，你来和我一起睡。"

摄制组在巴斯一共拍摄了六天，华莉丝真不敢相信自己能挣这么多的钱。那几天拍摄完毕，华莉丝总是让司机送她去购物，购物完毕后司机再来接她，她觉得自己真的成了大人物。拍摄结束，华莉丝的照片被选作该年倍耐力挂历的封面，模特界升起了一颗新星，华莉丝成了模特界的新宠。

开启电影生涯，让光明照亮每个角落

鲁迅说："地上本没有路，走的人多了，也便成了路。"许多时候，我们不是有了路才去走，而是走着走着就有路了。

华莉丝在巴斯结束为期六天的倍耐力挂历拍摄后回到伦敦，她没有回青年会住处，而是跳上计程车直接来到经纪公司。她在公司见了维罗妮卡。维罗妮卡说："你来得正好，刚好有个试镜在等你，就在附近，你现在就过去。"

经过长途跋涉的华莉丝很疲惫，她对维罗妮卡说："我现在很累，想先回去休息一下，明天再去吧。"维罗妮卡果断拒绝，她说："不行，007电影《黎明生机》正在找邦女郎，试镜只今天一天，过了今天就来不及了。行李放这里，我叫人带你过去，马上走。"

维罗妮卡找来助理，让他带华莉丝去新的试镜点。试镜点就在前面，转个街角就能看到，助理指着前面的一幢楼说："华莉丝，就是那幢楼，看到没，大门口有很多人进进出出，你从那里进去就是。"

已经有过倍耐力挂历拍摄经验的华莉丝，这次已经没有了上次的胆怯。走进同事指点的大楼后，呈现在她眼前的场景和在特伦斯·多诺万那里试镜时差不多，一间房子里全是等着试镜的美女，她们有的走来走去，有的倚墙而立，有的在聊天，有的坐在位置上……

试镜助理走出来对大家说："到时我们会要求大家说几句话，你们准备一下，试镜开始了。"华莉丝有空时一直在免费学校学英语，虽然能够简单交流，但是诵读还是很困难。不过成为倍耐力挂历封面女郎一事，无疑给了她很大的自信，她鼓励自己："华莉丝，你一定行。"

助理不断地叫着试镜人员名单，这次华莉丝不再像上次试镜那样，一直拖到最后一个才上场。当助理叫到她的名字时，她勇敢地走进了摄影室，在助理的指示下，站到标记线上，她主动和他们说："我英语不太好。"

助理说："没关系，你只要照着提示板念就行。"华莉丝以为他们会把要说的话示范一次，让她依葫芦画瓢重复就行，没想到助理在华莉丝面前举着提示板，提示板上写着一行英文，他们让华莉丝照着提示板上的字读。

看着那行英文，就像看天书的华莉丝的思维有几秒钟的停顿，不懂英文这事儿，她实在说不出口。她对工作人员说："不好意思，我现在有点儿事，必须马上出去一下。"

说完，在工作人员惊异的目光中，华莉丝快速地离开了试镜室。当她回到经纪公司取行李时，维罗妮卡看到她这么快就回到了公司，就问她："华莉丝，怎么回事儿？拍完了？"华莉丝说："人很多，一时轮不到我，我先把行李拿过去，拍完可以直接回家。"

维罗妮卡没有怀疑地"哦"了一声。华莉丝装作若无其事地走出公司，内心却波涛汹涌，想到自己不懂英文，即使试镜都不可能有机会，在那么一堆美女中，谁会起用一个连英文都不识的新人呢？

007系列电影是谍战电影，007是影片的名称，也是主人公特工詹姆斯·邦德的代号，詹姆斯·邦德是这组电影里的主角，聪明机智的邦德，总是由很酷很帅的男明星出演，英雄配美人，每部电影里都有不少美女出现在邦德身边，电影里的女士称为"邦女郎"。

　　华莉丝知道，自从 1962 年 10 月播出第一部电影《诺博士》后，007 系列几乎每年都推出新电影，到 1985 年推出《雷霆杀机》为止，一共播出了 14 部电影。每部电影情节环环相扣，悬念迭起，在危机四伏中，邦德总能转危为安，再加上帅哥美女，007 系列电影风靡全球。华莉丝这次试镜的，已经是 007 系列的第 15 部影片。

　　华莉丝把行李拿回住处后，心情郁闷地走在街上，想起刚刚在试镜室里逃跑的一幕。她实在没有勇气在这么多人面前说自己不认识英文，从大漠深处走出来的华莉丝，心底始终有着一种别人无法理解的自卑。华莉丝不断地骂自己："华莉丝，你是个胆小鬼，你是个没用的胆小鬼。"

　　午后的阳光温暖地拥抱着每一个人，华莉丝抬手摸摸自己的短发，头发差不多只有两厘米长，这是她在巴斯拍摄倍耐力挂历时，发型师第一次给她做发型。那时她刚结束麦当劳的打工生涯，整个人感觉油腻腻的，为了迎接新生活，她要求发型师把长发剪了，后来她一直让发型师剪啊剪啊，直到剪得只剩下两厘米，当时同伴们看到短发的她，都惊呼起来，说她完全变成了另一个人。

　　华莉丝当时还说："有一天，我要把黑头发染成金黄色，惊得你们下巴都掉了。"一旁的娜奥米·坎贝尔大笑着说："华莉丝，你这么勇敢，肯定能大红大紫，到时候，可别忘了我呵。"过了没几年，说这话的娜奥米·坎贝尔就成了模特界的"黑珍珠"。

华莉丝刚巧看到路边有家理发店，她想改变一下郁闷的心情，于是走了进去。理发师看着短头发的华莉丝问："你好，你想如何改变自己？"华莉丝说："请把我的头发染成金黄色。"

理发师说："可以，不过你要等一下，前面已经排了两个人。"华莉丝想了想，还是决定把头发染一下，于是就坐着等了起来。等轮到她时，理发师拿出了双氧水抹在了她头上，这时的华莉丝差点要反悔了，因为头发太短，双氧水直接接触在皮肤上，头皮像被灼烧一样。

好不容易染好头发，等清洗干净，才发现头发变成了橙黄色，这不是华莉丝想要的颜色，只能重新再来。漂洗过程很是漫长，好不容易完成了第二次染发，却变成了黄色。华莉丝看着头上的黄发，哭笑不得，要求发型师重做，再次经历了头皮像脱皮一样的痛苦后，才终于染成了想要的金发。看到镜子中的自己顶着一头金发时，刚刚经受的痛苦立即就被抛之脑后了。

走出理发店，引来了百分之百的回头率。一个身材高挑的黑皮肤女孩，顶着一头金色的短发，有些人露出羡慕的目光，有些人露出惊讶的目光，有些人像看动物一样，一个小孩子甚至问他母亲："妈妈，这个人是男还是女？"

华莉丝想自己是不是做得太过分了？转而一想，我的头发我做主，这不妨碍任何人，我做自己想做的事，又有什么错？

如果连自己的事都不敢做主，以后的路还能怎么走？

回到青年会，吧台的电话里留着一大堆留言，都是维罗妮卡留下的，维罗妮卡留言说："华莉丝，你在哪里？听到留言请立即和我联系。"华莉丝给维罗妮卡打了电话，电话一接通，维罗妮卡就在那头大吼："华莉丝，你去哪儿了？工作人员一直在等你。"华莉丝拿着电话，对维罗妮卡说："不好意思，我逃走了，因为我不想告诉他们我不认识英文。"

维罗妮卡听她这样说，放低声音说："华莉丝，不管遇到什么事，请你和公司沟通，好吗？有问题我们一起来解决。"华莉丝说："嗯。"维罗妮卡说："他们还想见你，答应我，明天再去试镜，好不好？"华莉丝说："不会说英语没事吗？"维罗妮卡说："问题由我来解决，你只要答应明天一定去试镜。"华莉丝说："好，我一定去。"

第二天，华莉丝再次来到 007 电影摄制组的试镜地。那些工作人员看到顶着一头金发的华莉丝，均露出不可思议的表情。今天的她和昨天的黑发女孩已截然不同，整个人看上去光彩照人。

维罗妮卡已经和试镜人员说明了华莉丝昨天放弃试镜的原因。工作人员对华莉丝说："维罗妮卡已经和我们说了，没关系，你只要看着提示板，随便说些英文就行。"

不得不说，这个始终听从内心召唤的女孩，在人生的一次次转折中，都能够准确选择前行的路。她的坚持和不屈，得到了幸运之神的青睐，不认识英文的她有惊无险地通过了试镜，成了新一代的"邦女郎"。

1986 年拍摄的 007 电影题目是《黎明生机》，导演是英国的约翰·格兰，编剧是理查德·麦鲍姆和迈克尔·威尔森，摄影是 Alec Mills。詹姆斯·邦德由 1944 年出生于英国威尔士的提摩西·道尔顿出演，他不但有着英俊的外貌，还有着精湛的表演才能，可以说他是历任詹姆斯·邦德中演得最冷酷、最睿智的一位。女主角由英国影视明星玛瑞·亚达波主演，她是"邦女郎"中最清纯最有文艺范的一位。

故事说的是卡拉·米罗维被深爱的男友科斯柯夫将军利用，詹姆斯·邦德发现这个阴谋救了美丽的卡拉，两人一起追赶考斯柯夫到达阿富汗，在一路的追随中，两人患难见真情，谱写了一曲英雄与美人的爱情故事。

电影即将开拍，华莉丝兴奋得上蹿下跳。一天，维罗妮卡对她说："华莉丝，告诉你一个好消息，你要回非洲了。"华莉丝被说得摸不着头脑。维罗妮卡说："007 电影《黎明生机》将会去摩洛哥拍摄。"

索马里位于非洲最东部，摩洛哥位于非洲西北端，那里也有无边无际的沙漠。从小在沙漠里长大的华莉丝，对沙漠情有独钟，在都市里待了几年的她，很想重新亲近沙漠，哪怕是晒晒火辣辣的太阳，都是华莉丝梦中向往的。

事业如鱼得水

　　华莉丝成为 1987 年的倍耐力挂历封面女郎后，又成了"邦女郎"。她参与拍摄的 007 系列电影之《黎明生机》在 1987 年 2 月份正式杀青，同年 6 月 30 日在英国上映后好评如潮，在 1988 年第十五届土星奖评选中，该片被提名最佳奇幻电影。在《黎明生机》上映后不久，英国《星期日泰晤士报》用整个封面刊登了华莉丝的照片，照片比真人还大，照片上的华莉丝一脸坚定。

　　华莉丝是黑种人，在伦敦黑种人模特市场有限，因为护照问题，她的事业一度受阻，殚精竭虑后，护照难题终于解决。有了护照她就可以在全球范围跑。这时的华莉丝像一只被囚禁多日的鸟，终于有了飞翔的天空。她和纽约的一家经纪公司签了约，决定前往纽约发展。

　　1991年，华莉丝申请到美国签证，于是离开伦敦抵达纽约。她一到纽约，经纪公司的一位同事就把自己的公寓让给她住，自己则住到了朋友家去。公寓在曼哈顿的热闹地段，房间里的设施很简单，除了一张大床外再没有其他东西。这正合华莉丝的心意。在骨子里，她还是牧羊女，住宿的地方不需要太多东西，东西太多就像生了根，有了羁绊。

　　纽约的经纪公司为她接了很多活，华莉丝一到纽约，就开始马不停蹄地忙碌起来。她在这里结识了很多人，事业也一飞冲天。她出现在很多顶级广告设计中，为很多名牌产品做广告：全球一流服装品牌的贝纳通、李维斯请她做代言；她穿着白色的非洲长袍，为珠宝商宝曼兰朵拍系列电视广告；露华浓请她代言新推出的香水 Ajee/ 阿吉，给她定制广告语——来自非洲之心的芳香，捕获每位女士的心；华莉丝独特的个人魅力，让设计理念为代表一种风格、一种历久弥新的独特风格的香奈儿也请她代言；畅销150多个国家的宝洁公司生产的玉兰油 OLAY 也请她代言，她成为玉兰油首位黑人广告模特……

在这个世界上，不管你多么优秀，总有不喜欢你的人，不管你多么糟糕，也总有喜欢你的人。在伦敦很多广告商喜欢貌美肤白的金发白种人，而这些公司看中的正是华莉丝健康的黑肤色。来到纽约，华莉丝的生活和事业一切都顺风顺水，人生就像开了挂，一发不可收。

在露华浓为奥斯卡金像奖拍摄的一条电视广告里，华莉丝和美国超级名模之一的辛迪·克劳馥、有"世界上最美丽的女子"之称的德国模特克劳迪娅·希弗、20世纪70年代被称为"史上最伟大的模特"的劳伦·哈顿等世界顶级超模和明星一起登场，在广告中，大家都要回答同一个问题——什么样的女性带来革命？

因为成长环境和生活阅历的不同，每个人都有不同的答案。华莉丝想到自己从一个普通的牧羊女，历尽艰辛，一步步地走到今天，成为世界顶级模特儿，她的答案概括了自己成长的历程。她自信又坚定地说："来自索马里的牧羊女成为露华浓的模特儿。"

成为世界顶级超模的华莉丝，毫不回避自己卑微的出身。她感谢在沙漠里成长的岁月，正因为童年的艰难时光，让她学会了不怕苦、不怕累、不抱怨，朝着自己的目标步步前行，哪怕无路可走，她依然乐观面对。

在华莉丝独自打拼的日子里，每当遇到困难，她总是想起小时候去找水的情形，为了找水，"不管要走多少天，走多远的路，不找到水绝不回头，因为空手回家毫无意义。每个人都懂得不能空手回去，因为那样全家人就会彻底绝望，在达到目的之前，无论如何都得前进。'我没办法'——这种借口是不可接受的"。

沙漠生活从小就让她知道了不达目的不能放弃，成名后的华莉丝也在一路攀登，不但成为各种品牌的代言人，还为许多著名的歌手拍MV，其中有英国著名歌手罗伯特·帕尔默、美国著名摇滚歌手肉馅糕等。

随着华莉丝在国际上的名气越来越大，她成了许多国际著名时尚品牌杂志的宠儿。她登上过1945年创刊于法国的 *ELLE* 杂志封面，1991年创刊的 *Allure* 杂志有她的大幅写真，英国高端女性时尚周刊 *Glamour* 也登了她的照片；成立于1892年的 *VOGUE* 杂志，是世界上重要的杂志品牌之一，意大利版和法国版都登过她的照片，她是第一个登上该杂志封面的黑人女性……

几乎当时全球著名的大牌时尚杂志都刊登过她的照片。水涨船高，当一个人自身提高了，周围的人也必定有着改变。华莉丝到达事业顶峰时，和她合作的摄影师当然也都是世界顶尖级的。

华莉丝最喜欢和理查德·阿维顿合作，他是摄影界非常著名的摄影师之一，朴实风趣、平易近人。在拍摄的过程中，他不独断专行，每次拍摄完毕，总会和华莉丝一起探讨："华莉丝，你觉得这照片如何，哪里还不够好？"

理查德·阿维顿作为摄影界的权威，还能用心垂问，这让华莉丝很感动。要知道，理查德可是被列为"20世纪职业摄影典范之一"的摄影师，他和许多国际名模和明星合作过，也和很多重要政客打过交道。他拍过美国超级名模辛迪·克劳馥，还拍过芭蕾舞王纽瑞耶夫的双足，为俄国女星娜塔莎·金斯基拍过蟒蛇缠身的裸照，美国前总统艾森豪威尔也在他的镜头下出现过……

深水不响，响水不深就是这个道理，越是有成就的人越是虚怀若谷。这些摄影师不但留下了华莉丝靓丽的容颜，而且还让她学到了许多做人的道理，他们都是华莉丝敬重的人，包括为华莉丝拍摄的首位大牌摄影师特伦斯·多诺万。当年华莉丝在拍摄倍耐力挂历时因为听说要脱上衣，仓皇逃走，等她第二天再去，了解了事情经过的特伦斯，像父亲一样给她耐心讲解，让她放下包袱，从此她才走上了模特之路。

正是因为这些人有着大海般的胸怀，宽容华莉丝的无知和胡闹，好运之门才为华莉丝一次次打开，让她一步步走到今天。在内心深处，华莉丝对这些生命中的贵人，始终充满了感激之情，因为有了他们，才有她的今天。

随着经验的丰富和阅历的增加，华莉丝从自身视角出发，也能分辨出照片质量的优劣来。她喜欢那种能根据模特的特点拍摄照片的摄影师，优秀的摄影师不用技巧和化妆来掩盖模特的缺点，而是在自然状态下把模特的优点放大，拍摄出来的作品里缺点没有遮盖，可是看起来那些缺点却不是瑕疵，她喜欢这类能够挖掘模特自身特色的摄影师。

有些摄影师喜欢把自己的想象强加在模特身上，拍出来的照片缺乏模特的本色和特点。比如在华莉丝头上顶一头假头发，在她黝黑的脸上搽上厚厚的浅色粉底，把有着非洲特色的她搞成黑不黑白不白，拍出来的照片不伦不类，好比是黑人版的辛迪·克劳馥，这会让华莉丝大感不悦。一个模特失去了真实和自我，还有什么美丽可说？

在内心深处，华莉丝最喜欢的是走T台。将要轮到时，她会先在T台旁等待，终于轮到时，就款款走上T台，灯光闪起，音乐响起，所有人的目光都投到她的身上，而此时她的发型和妆容，都是出自此行顶尖的设计师之手，身上穿的衣服也贵得不可想象。

此刻台上的她是万众瞩目的明星，美艳不可方物，所有人都在欣赏她，她知道这一刻，她惊艳到了每一个人，这时候她就像个高傲的公主，整个世界都属于她，她是光，她是电，她是主宰世界的唯一。

最终拥有幸福的人，都曾触摸过痛苦的过往。华莉丝——

这朵生长在贫瘠沙漠里的沙漠之花，终于迎来了生命的春天。
20 世纪 90 年代，她从伦敦横扫巴黎、米兰、纽约各大时装周，
成了 T 台上最耀眼的一颗"黑珍珠"！

失踪事件引关注

　　在 1997 年，华莉丝成为废除切割女性生殖器官的驻联合国大使，之后她放弃了大红大紫的模特事业，开始专心投入到反女性割礼的运动中。所谓女性割礼，就是割除女性部分或者全部的外生殖器，因为女性敏感部位被割除，她们没有性欲，一生都体味不到性快感。

　　索马里风俗认为女性两腿间是肮脏的，有致使男人堕落的东西，但是进行割礼后的女子因为阴道口小，在从事性生活时反而能给男人带去更大的快乐，割礼的借口真是一种莫大的讽刺。

这和中国古代女性裹脚一样，原本女性的体力就比男性弱，如此一来女性就更加脆弱，又因脚被裹成残疾，行动不便，活动范围也被大大地缩小。其次，小脚女人在走路时，大腿的根部肌肉绷紧，这样也保持了阴道的紧窄。

不管是非洲的女性割礼，还是中国古代女子的裹脚，两件事情如出一辙，其实这些对女性自身没有半点好处，之所以盛行是因为在男尊女卑的社会，男人想控制女性，把女人当作他们的私有财产。

对女性有百害而无一利的割礼，对男性来说却是有百利而无一害，男人当然不愿意推翻这种恶俗，他们怕妇女强大了，挑战自己的权威。当华莉丝站出来和这千年恶俗做斗争时，她面对的强劲对手不只是 50 多个国家的男性，因为中东及非洲女性文化程度低，许多女性认为这是一种传统文化，她们本身也主张这种恶俗延续，包括华莉丝的母亲。她认为这是几千年来的文化，周围女人都是如此，她不支持女儿的反割礼行为。

走在这条路上的华莉丝是孤独的，她也知道自己的处境变得险恶，时时有可能遭遇不测。当有了儿子埃利克后，她更懂得了生命存在的意义，她希望自己能陪着儿子长大，可是面对着那么多女童将要面临的痛苦，她做不到无视。如果一天不推翻割礼恶习，就还会增加对社会充满仇恨的人。最后她还是义不容辞地走在这条路上。

为了让这种残害女性健康的割礼能够在非洲消失，她抛开个人利益和安危，演讲，著书，完成了自传体小说《沙漠之花》。书中描述了自己被割礼的痛苦经过，以及割礼后给自己身心造成的伤害。华莉丝希望大家通过阅读这本书，正确认识割礼对女性的伤害，能够在全球彻底废除割礼恶习。

华莉丝的敌人既然是整个中东及非洲的男人，敌人自然多得数不胜数，很多人都想给她教训或者除掉她，男人们更是无法容忍一个女人如此破坏他们的男权。在 2004 年的一天，当时的华莉丝已经在维也纳有了自己的公寓，一些不法分子经过跟踪，确定了她的住处后，一名叫保罗·奥古斯托的葡萄牙男子，进入了她的家门，对她进行了突然袭击。还好从小在沙漠里长大的华莉丝，手脚灵敏，迅速逃开了，不过也受了轻伤。这名男子后来被奥地利警察捕获，被判处 5 个月缓刑。

华莉丝并没有因此被吓退，她依然勇往直前，和许多女性走在反割礼的道路上。她在自传《沙漠之花》中说："神指给我这条路，自有其道理。他有事要我做，这是我的使命。我相信早在我出生之前，上帝已选定了我的死期，这个我无法改变。与此同时，我尽可以大胆冒险——这一生，我从来勇往直前。"

哥白尼说："人的天职在勇于探索真理。"华莉丝走在反割礼的真理路上，没有被恐惧吓倒，不过那些不法分子，一直在等待机会，不愿放过任何一次打击她的机会。

2008 年 3 月份，华莉丝奔赴比利时布鲁塞尔出席欧洲联盟举办的两项会议，当时参加会议的还有美国国务卿赖斯等众多全球著名女性，这次会议的目的是纪念国际妇女节。作为联合国亲善大使的华莉丝，她原本要在 6 日的大会上发言，主题是《如何在全球加快终止女性生殖器切割的活动》。

结果到了 6 日，其他参会人员都到齐了，可作为发言人之一的华莉丝却迟迟没有入场，直到那天会议结束她都没有出现。比利时警方发动了大规模的寻找，直到三天后，才在布鲁塞尔市里的 Grand Place 广场附近找到她。当找到华莉丝时，华莉丝平静地说："我相信，你们看到我肯定很高兴，同样，我能看到你们也很高兴，我没事，只是发生了一些误会。"

华莉丝被比利时警察带回检察局，当时审问此案的是布鲁塞尔检察局的吉恩·马克·梅勒尔警长。在审问的过程中，华莉丝说："5 日晚上，我泡完夜店后，想搭计程车回酒店，可是我向来有诵读困难症，手中拿着地址和门牌号时老是读反，比如拿着 275 号的门牌跑到 572 号的房子去，还在门口发呆怎么就我一个人，这个毛病我在工作中常犯。那天晚上，我也犯了这个错误，和计程车司机说了酒店的地址后，结果司机带我到的酒店不是我下榻的酒店，于是我和司机发生了争吵，司机随后离开。我在那酒店坐了一会儿后，又坐上另一辆的士离开，想继续寻找我住的地方，可是始终没有找到。这三天，我一直在找酒店，可是始终没有找到，我迷路了。当时我身上也没带多少钱，没钱住酒店，只能在宾馆大厅里过夜。"

不管梅勒尔警长如何审问，华莉丝只给出这样简单的解释。从她的语言里，没有任何理由可以定论她有什么不当行为或者犯规行为，但是她的失踪原因显得很离奇，华莉丝也没有具体交代这三天她到底做了什么事，只是一直强调她迷路了，始终在漫游。

梅勒尔说："华莉丝不是暴力行为的受害者，也不是犯罪行为的受害者……"华莉丝的失踪事件有着很多疑惑，可是因为当事人的解释，最后只能不了了之，就此结案。

就失踪事件，比利时 VTM 电视台对华莉丝作了短暂采访，华莉丝为自己的失踪而引起骚乱感到深深抱歉，同时因为错过了 6 日的发言，她在采访中说："我要对所有女性说，我辜负了你们的希望，辜负了你们的嘱托，对不起，真的很抱歉，因为我本身的原因，错过了这次发言机会。"

在说这些话时，华莉丝的脸上很平静，没有人能猜到那三天她经历了什么，也没人知道她心里到底在想什么，她说只是一个小误会，真的只是个小误会吗？作为反割礼运动的领头人，人们觉得事情不可能有这么简单。

在华莉丝失踪的前一周,在法国塞纳河上发现了一具尸体,经法医鉴定，这是出生在非洲几内亚的名模妮安，生前，她也是积极反对女性割礼陋习的其中一员。法国警方在验尸中没有发现有被谋杀的迹象，如果不是谋杀，最大可能是偶然落入河中。但是在 3 月 7 日，妮安的家人提出法律申请，他们怀疑妮安是死于谋杀。

华莉丝和妮安，同样是非洲人，同样是国际名模，同样接受过残酷的割礼，同样为推翻女性割礼而呼吁，两人有着太多的相同点。妮安早几天死亡，紧接着华莉丝失踪，而在华莉丝失踪的三天里，却没人知道她在干什么，于是华莉丝失踪案被放大了，引起了大家的关注。

日本女作家三浦绫子曾说："天空虽有乌云，但乌云的上面，永远会有太阳在照耀。"华莉丝明知道自己选择的是险恶丛生的路，但是她勇往直前，她认为，这是神指给她的一条路，哪怕再凶险，她都要义无反顾地前行。

不忘初心，不畏将来

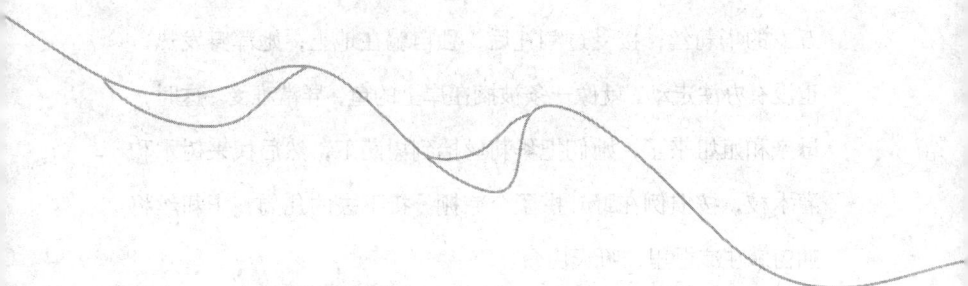

Chapter 4

不忘初心，关心人道主义事业

太阳已经爬到头顶，中午的沙漠，热浪一阵儿接着一阵儿，五岁的华莉丝，接受过割礼后，独自躺在地上，她浑身发热，也没有办法走动，就像一条被搁在岸上的鱼，异常难受。这时，母亲和姐姐来了，她们把华莉丝抬到树荫下，然后找来树木和灌木枝，按惯例在野外搭了个凉棚。接下去的几周，华莉丝将独自躺在凉棚里，听天由命。

凉棚搭好后，她们把华莉丝抬到里面，凉棚里少了阳光的直射，比刚刚舒服多了。华莉丝舒了口气，以为噩梦终于过去，可谁知，新一轮的噩梦又开始了。这时，华莉丝有了尿意，她让阿曼过来帮忙，阿曼在沙地上挖出个洞，把她的身子侧过来，第一滴尿液出来后，伤口像灼烧般疼痛，就像硫酸滴在皮肤上。

这时她才明白为什么母亲让她少喝水和牛奶，她的阴部已经被吉卜赛女人缝在了一起，只剩下火柴头一样大的洞，用来排泄尿液和经血，而这洞越小女人的价值就越高。她真佩服索马里人想到的这个割礼方法，这样女人绝对无法在婚前有性行为，想要有性行为就得新婚夜由丈夫割开缝在一起的阴道，也能保证自己娶到的是一个处女，另外，当丈夫外出放牧或务工时，也能从阴道上看出妻子是否忠诚。

夜晚，母亲和阿曼回家了，华莉丝孤身躺在大漠深处的棚子里，如果有狮子和毒蛇出现，绑着双腿的华莉丝只能坐以待毙。可是她不再害怕，经历过割礼这种深入骨髓的伤痛，再没有什么让她恐惧，哪怕死亡。

华莉丝一个人躺在棚子里，一天又一天，因为刀片没有消毒，再加上天气炎热，她阴部感染引起了发烧。那时的她时而清醒，时而昏迷，又因害怕小便时疼痛，于是忍着不敢小便。后来母亲来看她，告诉她，如果再憋着，就要憋死了，华莉丝才逼着自己小便。没人帮忙时，就一个人向外挪动一点，艰难地侧着身，又因伤口感染得厉害，常常小便不出。

最后一次，母亲给华莉丝送了两个星期的食物和水，她一个人静静地躺在棚子里，几束阳光透过缝隙射进来，光束中有尘埃浮动。华莉丝想："这一切到底是为了什么？为什么我要经受这样的痛苦？为什么会在我无助的情况下，承受这种生命之痛？为什么做女人要受这样的苦？为什么？"

华莉丝终于可以回家了，她的腿上还绑着布条，母亲搀扶着她回到家，父亲看到她，问她感觉如何？华莉丝虚弱地笑笑，她无法回答，她那么小，对于性和婚姻是懵懂的，如果说成长给她的感觉，那就是痛，这种痛深入骨髓，让她一辈子都无法忘却。

等绑在腿上的布拿掉后，华莉丝躲到无人的地方，脱下裤子看自己的下身，她清晰地看到自己的阴部一片平坦，一道伤疤像拉链一样紧紧地锁住了她的私处，从此，再也无人能够侵入她的身体，直到新婚之夜，才由丈夫打开。

华莉丝身体上的伤口愈合了，心里的创伤却永远无法愈合。她康复后的某一天，曾来到割礼的地方，想再看一眼从她身上割下的东西，可大石头上除了红色的血迹，已一无所有，那些残肉不知是被野狗还是秃鹫吃掉了。

刺眼的阳光，安静的沙漠，身旁有丛灰扑扑的沙漠之花，执着地等着雨季。小小的华莉丝发现自己真的长大了，割礼，终于让她从一个小女孩蜕变为成年人。法国作家罗曼·罗兰说：

"痛苦这把犁刀一方面割破了你的心，一方面掘出了生命新的水源。"受过肉体摧残的华莉丝，她的内心滋长出一种新的力量，这种力量让她无所畏惧。

法国作家巴尔扎克曾经说过："不论处境如何，女人的痛苦总比男人多，而且程度也更深。"女人在体力上天生不如男人，每个月还要经历脆弱的生理期，同时女人还担负着人类繁育的重任，大部分家庭在有了孩子后，女人还是养育孩子的主要劳力，单从这些方面来说，女人经受的痛苦就要比男人多。男人为了私欲，更是把割礼这种痛苦人为地强加到女人身上。

世界卫生组织对割礼的定义是："所有非因医疗因素而涉及移除女性部分或全部外生殖器，或是造成其他类型伤害的手术。"在埃及和苏丹的努比亚人、埃塞俄比亚的蒂格赖人和古拉格人以及非洲的索马里人、安哈拉人、吉布提人、伊萨人、阿法尔人等民族或部族割礼较为集中的 29 个国家中，约一半国家女孩在五岁前接受割礼，其他国家在女孩 5-14 岁之间行礼。

割礼是对女性人权及健康权的极大损害，它可能引起出血、感染、破伤风、败血症、HIV 病毒、B 型肝炎、持续性排尿困难、经血堵塞造成各种妇科病、痛经、不孕不育等或大或小的疾病，甚至有可能因为休克和难产危及生命。

割礼后的华莉丝一直问自己："为什么要遭受这样的痛苦，这是为什么？"没有人告诉她答案。在索马里，每个女孩都会接受割礼，她的母亲经受过这种痛苦，作为女性，她没有发言权，她也只是按着传统做着别人对她做过的事，让女儿接受习以为常的割礼行为。她的父亲没有经受过这种痛苦，但却认为自己的女儿必须进行割礼，不然他的女儿们就无法进入婚姻市场。

他们都是恶俗的受害者，为了不让自己的女儿被人孤立、嘲笑，他们只能遵循这种陋习，并成为陋习的帮凶。而行割礼的吉卜赛妇女，她们更不会推翻这项陋习，对她们来说这是赚钱的行业，给每个女孩割礼她们都要收取一笔不小的费用，这群人成为沙漠里的富人。

女孩子们要经受的这种痛苦，并不是她们自身的意愿。像华莉丝的大姐阿曼，在十几岁时经受割礼的过程中，因疼痛本能地站起来就跑，跑不动摔倒在地，就地继续进行割礼。而华莉丝当时年仅五岁，知道自己逃不过这场噩梦，为了让这噩梦早点过去，只能咬牙忍着，却一次次昏厥过去。

男人认为"女子不应该对性有兴趣，这是恪守贞操的根本"，为了保证女人对他们的忠贞，他们选择了割礼，用这样的方法把痛苦强加给女人。

许多传统文化只有在封闭的状态下才能盛行，当与其他先进的、开明的文化相碰撞时，身处旧传统文化中的人会自行选择和原有文化相比较，对不入人心的原有文化进行抵制和反抗。

华莉丝在 1997 年成为联合国割礼大使后，通过演讲、写自传，再到自传拍成电影，为抵制割礼运动进行了一系列的努力。许多人醒悟过来，原来自己遭受的割礼只是男权社会催生的产物。觉醒过来的女性开始懂得了保护自己，与这种不符人性的行为做斗争。

而许多地方，会在 12 月份集体给女孩行礼，族长有个记录本，上面记载着本部落所有女孩的出生年月。族长按着记录本上的名字，给年龄合适的女孩一起做割礼，无人能够幸免。12月份，成了许多国家女孩的噩梦。

2003 年 12 月，又到了割礼的月份，肯尼亚西部的一个村庄，二十三个将要割礼的姑娘集体冒险逃跑。为了逃避这种酷刑，姑娘们一路忍饥挨饿、辛苦奔波，终于历尽艰险，逃到了一座城市的教堂里，在教堂里她们得到了庇护。

二十三个勇敢的肯尼亚姑娘的逃亡，向盛行了几千年的习俗发起了挑战。她们的举动大大威胁了部落长老们的威严，让那些男权主义者胆战心惊，而这些姑娘的父母，则为自己的孩子担惊受怕，怕她们遭受别人的耻笑和打击。

儿童权利律师丽兹·约尔向来很直接地反对女性割礼，她愤怒地指出："这个问题妇女运动一直保持着沉默和旁观，难道仅仅因为她们是儿童，无法描述自己遭受的苦难，就可以不关注吗？女性割礼的目的是为了去除上帝赋予女性性感知的权利，他们这样做是违法的。"

　　这些勇敢的女孩，让华莉丝感到欣慰，她的努力终于没有白费，她的呐喊穿过大漠，与这些孩子引起共鸣，给了她们反抗的力量和勇气。当然，这也让她感到自己肩上的担子更沉重了，一天不在全球废除割礼，每天就会有新的女孩遭受这种痛苦，这些都激励着她加快了反割礼运动的步伐。

　　这是一项任重道远的工程，她必须为这些无辜的女孩发声，虽然她的痛苦已经造成，但是经过她的努力，将会让其他女孩免去这种痛苦。让割礼成为历史，这是华莉丝选择反割礼运动的目的。

其实我们自己也是传奇

　　每个生命来到世上，都会经历不同的成长；每个人的人生都是一个不朽的传奇，每个传奇背后都有着不一样的精彩故事。华莉丝的一生充满传奇，她的出生、成长、成名，到最后退出光鲜亮丽的模特行业，转身从事人道主义事业，生命的意义有了质的飞跃。

　　1998 年，投身于反割礼运动中的华莉丝，创作了第一本自传《沙漠之花》。书中写了她的出生、成长环境、性格形成的原因、不屈服命运安排的反抗，以及抓住生命中一切可能改变自己命运的机会，到最后成为国际超模，走上人生顶峰。到此，华莉丝的人生已经彻底改变，从贫瘠的沙漠到富裕的欧洲，从贫穷的牧羊女到光鲜亮丽的模特，她已站在人生金字塔顶端，成为人生大赢家，这令多少生活在底层的人叹为观止。

世界上很多名人都写过自传，大多数写自传的目的是肯定自己，希望后人能从自己的自传中获得一些有用的东西。华莉丝也写自传，她写自传的目的是作为反割礼宣传手册，让更多的人了解割礼及割礼对女性的危害，希望能够引起更多人的关注。

华莉丝没有削尖脑袋往模特一行钻，模特行业自动找上了她，在这行业里她有了令人瞩目的成就。写自传也一样，她没想过自己的书能有多少销量，只希望能对反割礼运动有帮助，没想到，这书一出版就成了国际畅销书。

华莉丝写完《沙漠之花》后，还写了《沙漠黎明》《我的母亲的信》《沙漠儿童》等书，这几本书也都取得了不错的销量。其中《沙漠儿童》一书，在欧洲发起反对切割女性生殖器官的运动时一同推出。

2009 年，华莉丝自传《沙漠之花》被改编成故事片上映。影片真实地再现了一个索马里牧羊女，走出沙漠成为世界顶级名模后，勇敢地走到反对割礼运动中的故事，让更多人看到了摧残女性的割礼陋习。

影片女主人公华莉丝由来自埃塞俄比亚的超级模特莉亚·科贝德主演。出生于 1978 年的莉亚，因其独特的个人魅力，曾经使雅诗兰黛打破白人代言的传统，起用了她这张黑人新面孔。影片中，莉亚纯净的眼神，与现实中质朴和率直的华莉丝很接近，很好地诠释了华莉丝单纯的内心世界。

华莉丝的好友玛丽莲是片中的一个配角，由英国演员莎莉·霍金斯饰演，莎莉·霍金斯凭着《水形物语》获得 2018 年奥斯卡影后。

《沙漠之花》这部电影于 2009 年 9 月 5 日在意大利上映后，连续在二十多个国家上映，包括法国、德国、西班牙、以色列、希腊、波兰、巴西等国家。

2010 年 1 月，该影片获得巴伐利亚电影节最佳电影奖，在德国电影节获得优秀故事片提名，并获得圣塞瓦斯蒂安国际电影节最佳欧洲电影观众奖。

电影《沙漠之花》最后的镜头是在纽约联合国总部，来自全世界的媒体安静地坐在会议厅里，等着主角上台演讲。镜头切换到休息室，她一个人坐在椅子上，想到幼年接受割礼的私密事情，起初连最亲密的人都不知晓，现在却要把它公布于世，成为公共场合讨论的一个问题，仿佛在阳光下，把自己毫无保留地脱得精光。

她想到自己是否背叛了祖国的文化，试着为割礼找到一个合理的理由，可怎么也找不到合理的借口，反而让她悟到两点她必须要说出来的理由：

第一，割礼不但给她的身体造成各种不适，危及健康，而且因为阴蒂和阴唇被全部割除，她结婚后都不可能获得性快感，看到自己平坦的阴部，她总觉得自己不完整，造成了一辈子的心理阴影。

第二，她知道自己的伤残已经无法改变，可是这种恶俗还存在着，每天还有很多女性面临着这种摧残，她必须出声，不为自己，为那些将要经历这种残害的小女孩。

于是，她果断地站起来，走到饮水机前，拿起水杯，接了杯水，喝下去，深深地吸了一口气，然后给自己一个微笑，勇敢地走向了演讲台。

站在联合国演讲台上，望着下面挤挤挨挨的人群，她双眼噙满泪水，向大家讲述了发生在她身上的割礼经历。最后，她沉痛地说："我国有一句谚语，驼队中最后一只骆驼跟最前面的那只走得一样快。不论在少数人身上发生什么事，都会影响到我们所有人。当我还是个孩子时，我说，我不想做女人，为什么做女人要如此痛苦，如此不快乐？现在我已经长大了，我很荣幸能成为一名女性，能为所有女性着想，所以，让我们尝试去改变吧，这也是我们身为一名女性的意义。"

为了让女性同胞早日脱离割礼苦海，华莉丝竭尽全力四处奔走。2002 年，她与法国富豪弗朗索瓦 – 亨利·皮诺（PPR 公司 CEO）及其妻子萨尔玛·海耶克一同创建了 PPR 基金会，旨在加强女性对生殖器切割危险的认识，致力于保护女性的尊严和权利。

因为她的顽强抗争，坦桑尼亚、多哥、塞内加尔、科特迪瓦等国家陆续通过立法禁止女性割礼。在显赫的成绩面前，2007 年，法国总统萨科齐为她颁发法国荣誉军团勋章骑士勋位，另外还获得了世代传承特别奖。

2010 年，她被非洲联盟任命为和平大使，还创立了沙漠黎明基金会和塞特兹基金会。前者用来支持索马里的学校和诊所，后者是一个可持续发展和保护的组织。在 21 世纪初《福布斯》杂志的一项评选中，她被评为全球 30 位女性典范之一，被誉为"非洲女权斗士"。

《福布斯》与《财富》《商业周刊》《经济学人》齐名，乃财经界四大杂志之一，1917 年由 37 岁的福布斯独立创办，为纯粹报道商业新闻的杂志，影响范围遍及全球，杂志内推选的排行榜成为经济潮流指标，各界名流也以上福布斯排行榜为荣。该杂志因其提供的列表和排名而为人熟知，包括最富有美国人列表（福布斯 400）和世界顶级公司排名（福布斯全球 2000），是美国一本世界知名的商业杂志。

2010 年，美国《福布斯》杂志根据读者在社交网的意见，选出 30 位全球最令人瞩目的女性，这些人中有致力于推动教育的约旦王后拉妮娅（Queen Rania）、美国艾滋病运动家伊丽莎白·格拉泽（Elizabeth Glaser），有全球收入最高的作家《哈利·波特》作者罗琳（JK Rowling），有贫民圣人特蕾莎修女（Mother Teresa）……

她们巾帼不让须眉，为世界更美好不懈努力，成为全球女性典范之一的华莉丝——她以不计个人利益与安危、拯救其他女童脱离割礼苦海、为提升女性地位做出杰出成就而入选。

冰心曾说："爱在左，同情在右，走在生命的两旁，随时撒种，随时开花，将这一径长途，点缀得香花弥漫，使穿枝拂叶的行人，踏着荆棘，不觉得痛苦，有泪可落，却不是悲凉。"作为反对割礼特使的华莉丝，她与很多杰出女性并肩工作，包括联合国人口活动基金执行主任纳菲斯·萨迪克博士。

名利双收后的华莉丝，想到自己多次与死神擦肩，而上帝却青睐她，在绝望中给予她一次次希望，她认为这是神的旨意，是对她的生命有着另一种安排。当联合国邀请她成为反割礼大使时，她毫不犹豫地接下了这个任务。从小就觉得自己和家人及其他牧人同胞不同的她，从索马里牧羊女逆袭成国际名模后，并没有迷失在别人惊羡的目光中，她认为自己还没有实现人生的最终价值，当担任起反割礼大使时，她才觉得终于找到了生命的意义。

每一个生命的来临都是偶然的，每一个生命也都是一个传奇，而传奇里的故事则由我们自己主宰。华莉丝，扼住了命运的喉咙，使自己成为一个天使。

让自己更美丽就要为世界做更大贡献

在摩加迪沙，那是华莉丝第一次住在屋子里，在沙漠时，全家人总是生活在露天下，不管晚上还是白天。刚住房子时，她很不习惯，房顶挡住了阳光，四壁阻挡了活动区域，房间里除了下水道的臭味，再也闻不到动物和灌木丛的气味。

华莉丝刚到摩加迪沙时，阿曼带她拜访了这里的亲戚，华莉丝最喜欢外婆。

外婆生长在一个阿拉伯国家，是一个虔诚的伊斯兰教徒，一天五次向麦加方向祈祷，麦加城是伊斯兰教第一圣地，被称为"宗教之都"，因为伊斯兰教创始人穆罕默德诞生在此而名扬全球。

外婆的房子离集市挺远的，每次华莉丝去看外婆，外婆总是说："华莉丝，你来得正好，快，快，和外婆一起去集市。"华莉丝说："外婆，你家离集市太远，每次来回都要走好长时间，能不能搭巴士去？"外婆说："搭什么巴士，就走去。"

外婆一边说，一边拿出黑色的面纱，从头到脚把自己裹得严严实实，连眼睛都遮住，华莉丝真怕她走路时摔跤，于是常常和外婆开玩笑："外婆，你把眼睛都遮住了，走路能看见吗？你是不是摔跤长大的？"外婆说："我能看见呢，你这调皮的小鬼。"

姨妈和舅妈们出门都不戴面纱，单单外婆出门会把自己遮得严严实实，华莉丝问过沃尔德阿布舅舅，舅舅告诉她，阿拉伯女性最保守，身体不能暴露在外，出门时得把自己裹得严严实实。

外婆是位典型的乐观坚强的非洲女人，在外公早早过世的情况下，她独自带大八个孩子，并把积极乐观的心态传给他们。华莉丝离开摩加迪沙后，一个姨妈不幸过世，留下九个孩子，七十多岁的外婆不顾自己年岁已大，把孩子全部接过去，精心抚养。

　　华莉丝的母亲很漂亮,具有外婆坚强乐观的品质。华莉丝很奇怪,母亲的娘家人都生活在首都,有着不错的工作,为什么母亲却嫁给了父亲这个牧民,一辈子在沙漠里受苦,小时候她也总会缠着母亲问这个问题。

　　华莉丝的父亲长得英俊潇洒,对自己的长相常常得意非凡,有时候还会和华莉丝的母亲开玩笑:"你如果不听我的话,我就去找个小老婆回来。"母亲笑着说:"去啊,去啊,也就我看上你,你以为谁都能看上你吗?"

　　母亲爱上父亲,是在看到父亲的一瞬间,被他帅气的外貌所吸引。从小在摩加迪沙长大的母亲,不知道牧民生活的艰辛,遇见父亲后,觉得和心爱的男人一起在沙漠流浪也是一件浪漫的事。

　　母亲和父亲相识时,华莉丝的外公已经过世,父亲去见外婆,请求她把女儿嫁给他。外婆不同意,对他说:"游牧生活那么艰辛,我不可能把女儿嫁给你,你别做梦了。"父亲听了外婆的话,快快地走了。

　　外婆对母亲说:"去沙漠里,你就一辈子和动物打交道,他只不过是个花花公子,你跟了他是不可能幸福的,断了这份念想吧。"

　　华莉丝的母亲却不这样想,在看到这个男人的第一眼,她就爱上了这个男人,她认准的事情谁都无法阻拦,她要和这个男人生活一辈子。长到十六岁时，她就偷偷地从家里跑出去，找到了华莉丝的父亲，从此开始了她艰难的牧民生活。

母亲艰难的生活，不只是物质上的贫乏，还有精神上的压力。那时各部落之间都很排外，母亲和父亲不是同一个部落，两个部落间发生过很多次战争，母亲跟随父亲后，父亲的族人看不起她，没人和她说话，都孤立她。

母亲独自承受着这份痛苦，接二连三地生下孩子后，抚养小生命的喜悦才逐渐驱散这份孤独。小时候的华莉丝无法体味母亲的痛苦，当她长大后，想到一个舒适的城里姑娘，去沙漠过着艰难的生活，还要受着族人的排挤，其中的艰辛是常人无法体味的。

正是因为母亲有着超乎常人的刚强和坚定，她才能在沙漠中生活下去，生下一个个孩子，又面临一个个孩子的死亡和出走，伤痛一次次地袭击着她，她却独自舔着伤，在贫穷的生活中寻找生存的乐趣。

母亲的性格大部分受外婆影响，华莉丝的性格又受母亲影响，她们敢于追逐自己的幸福，却又处处为别人着想，面对逆境时不怨天怨地，在苦难中学会平和。

华莉丝在摩加迪沙时，她人在外面心里却记挂着母亲，想到自己再也不能帮着母亲分担家务，十三岁的她很希望自己能挣到钱，如果能挣到钱给母亲，她觉得内心的愧疚才会少一些。

有一次，华莉丝去集市后回家，路过一个建筑工地，看到有的工人在搬砖，有的工人在往泥浆坑里填沙子，有的工人把水灌到泥坑里，有的工人用锄头搅动沙子……华莉丝问他们："你们这里要工人吗？"

有人回答："要啊，有谁来？"华莉丝说："我想来。"那些干活的都是男人，听到一个小女孩要来，他们笑了起来，说："别开玩笑，这哪里是女孩子干的活。"华莉丝说："我不是开玩笑，我说的是真的。"

其中一个人看华莉丝不像开玩笑，对她说："你看好了，这可是体力活，一般女孩子可吃不消，如果你觉得可以，明天可以来试试。"华莉丝说："行，我相信我可以。那么，明天什么时候来？"男人回答："如果来，你得明天六点钟到。"

华莉丝听了，高兴地回了家。这时华莉丝已经从鲁尔舅妈家出来，住在萨如姨妈家了，一到家，她就把找到工作的事和姨妈说了："姨妈，我找到工作了，明天就去上班。"

萨如姨妈问她："你要去哪里工作？"华莉丝说："一个工地上要人，我决定去那里干活，挣了钱我给母亲送回去。"姨妈说："你疯了，华莉丝，那是男人干的活，你干不了。"华莉丝说："没事，姨妈，相信我。"

那些工地上的人，以为华莉丝只是开开玩笑，没想到第二天早上六点，华莉丝准时出现在工地上，工地负责人派给华莉丝的工作是搬沙子，把泥浆坑里搅拌好的沙子，盛到沙桶里，再把沙桶送到砌墙的师傅那里。

华莉丝没有手套，才提了几桶沙子，手心就被磨出水泡，她咬着牙，坚持到天黑，手上的水泡全破了，手心血迹斑斑，痛彻心扉。

工地上的人看了，以为她明天肯定不会再来，谁知第二天，华莉丝又准时出现在工地上。虽然苦不堪言，想到可以挣钱为父母分忧，华莉丝心里还是很高兴。就这样，华莉丝坚持了一个月，整个手臂又酸又痛，几乎都抬不起来，感觉实在干不了活了，华莉丝才结束了自己的工地打工生涯。

干了一个月，华莉丝积攒了六十美元，她拿回家，兴冲冲地和姨妈说："姨妈，我要想办法把钱带给母亲。"刚巧姨妈有个熟人全家要搬去沙漠，姨妈说："我跟他们很熟，钱让他们带回去，应该是可靠的。"

当时的华莉丝只有十三岁，哪里想得到人心的险恶远远超过自然的险恶，何况姨妈又这么说，她很自豪地把钱交给姨妈的熟人，想象着母亲收到钱后的喜悦。当然，这钱打了水漂，最后一分都没到母亲手上。

在华莉丝眼里，外婆是美丽的，母亲是美丽的，她们总是关心着身边的人，哪怕没人关心她们，她们也毫无怨言。小小的华莉丝从她们身上学到，一个美丽的人就是为别人着想的人。

在沙漠时，一家兄弟姐妹里，华莉丝总觉得母亲对她最好，她也最依赖母亲。每天放牧回家，第一件事就是找到母亲，在母亲怀里依偎一会儿，再和母亲说说话。母亲总和她开玩笑，看着她的眼睛说："小嘴巴，你的眼睛被脸吸进去了。"有时候又说："小嘴巴，你的嘴巴怎么这么小。"

或许是因为华莉丝的嘴巴小，母亲给她取了个小名叫"小嘴巴"，只有她们俩人时，母亲会开着玩笑老是叫她"小嘴巴"。

母亲是孩子的第一任老师，当华莉丝在都市独自闯荡遇到困难时，总会想起乐观的母亲，不知不觉就有了力量。当她在模特行业大红大紫时，并没有迷失在灯红酒绿中，她时不时地就会想起远在索马里的家人，但苦于自己没有索马里的护照，回不了家；成为国际超模后，她去了很多地方，结识了很多人，体验到了不同地方的文化，她想到自己不再是一个贫穷的索马里人，可以为改变贫穷做一些事，她想为这个世界尽一份力，而不是帮着摧毁世界。

泰戈尔说："只有经过地狱般的磨炼，才能炼出创造天堂的力量。只有流过血的手指，才能弹奏出世间的绝唱。"华莉丝经受过生不如死的割礼痛苦，又经历过狮口脱险的生死大逃亡，她对生命有着别样的领悟。

联合国的人在《20/20》的节目上看到华莉丝的报道后，想到她是名模，在社会上享有较高声誉，一举一动能够引起广泛关注，于是邀请她作为反割礼特使，到非洲各地去演讲，向女同胞讲述割礼是一种怎样的犯罪行为，告诫她们要懂得珍惜自己的身体。

　　成为反割礼特使后的华莉丝，在非洲各地奔走，呼吁男性青年尊重女性，鼓励他们娶没有割礼的女子，呼吁男人们保护他们的姐妹和女儿不受割礼之苦，鼓励他们要爱自己的妻子。

　　通过华莉丝的演讲，许多人认识到原来女性生殖器不是肮脏的，女性也有权利在性生活中获得快乐。华莉丝还在演讲中说道："要让妻子对你忠诚，不是靠掠夺和残害她们的身体，而是要去相信她们，爱护她们，让她们从心里对你服从，这样的家庭才是完美的。"

　　联合国早在 1997 年前就发出了禁止女性生殖器切割的禁令，他们也曾派人去割礼的国家进行一系列的反割礼运动，但作为"外来者"，反割礼进度并不明显。

　　华莉丝作为亲身经受过痛苦的当事人，她向非洲女人痛诉割礼陋习时，把自身的痛苦一次次地袒露在她们面前，她经受的痛苦，割礼过的女人都经受过，她的演讲引起不少女性的共鸣。

　　那些还没有经受过割礼的女孩，从没听说过割礼的细节，原本她们对割礼还怀着一种崇尚的信仰，当听了华莉丝的演讲后，知道割礼是如此的可怕和荒唐，开始怀疑这种习俗。

　　许多家庭，因为割礼失去亲人，想到这些切肤之痛，禁止割礼真是他们希望的,只不过以前的他们想说却不敢说,现在有人站出来说出了他们的心声,他们受到鼓舞,成了第一批支持华莉丝的人。

华莉丝的演讲,成了很多女性的福音,但很多人还是不欢迎她。一些主张割礼的顽固分子,大骂华莉丝是民族"叛徒",说她搬到西方生活,以反对种族文化为乐,故作矫情,他们想尽办法打击她、报复她。

真理是时间的孩子,不是权威的孩子。那些打击报复她的人,实在是感到了真理的可怕,怕延续了几千年的男权被推翻,怕女人强大起来不再受男人控制,怕男人的威严受到挑战。

意大利伟大的物理学家伽利略说:"真理就是具备这样的力量,你越是想要攻击它,你的攻击就愈加充实和证明了它。"确实是这样,一代一代的非洲人,用谎言、舆论、权力、传统告诫世人,女人双腿间的东西是肮脏的,用割礼这样的方式让女人在身体上和心理上更脆弱,以达到对女人彻头彻尾的控制。

华莉丝并不是因为自己搬到了西方而反对种族文化,她苦苦为割礼寻找合理解释,可是她想破脑子都没想到割礼的好处。真正鼓吹这种陋习代代相传的,是那些自私的男人们。他们为了保证对女人的专有性交权,无视女性的健康和快乐,残害女人的身体,践踏女性的尊严。

人因为可爱而美丽,而不是因为美丽而可爱,一个心里装着别人的人，是可爱的，是美丽的，一个为了他人的幸福而努力的人，是美丽的。华莉丝知道，想要让自己更美丽，就要为世界做更大贡献。

　　仁者心怀天下，智者上下通达。2010 年，华莉丝被非洲联盟任命为和平大使。华莉丝相信，真理和光一样，真理是灿烂的，只要有缝隙，就能透过缝隙驱逐黑暗。她坚信，只要有一缕光，总有一天，反割礼的路上会迎来霞光万丈。

生命中的拦路虎和垫脚石

Chapter 5

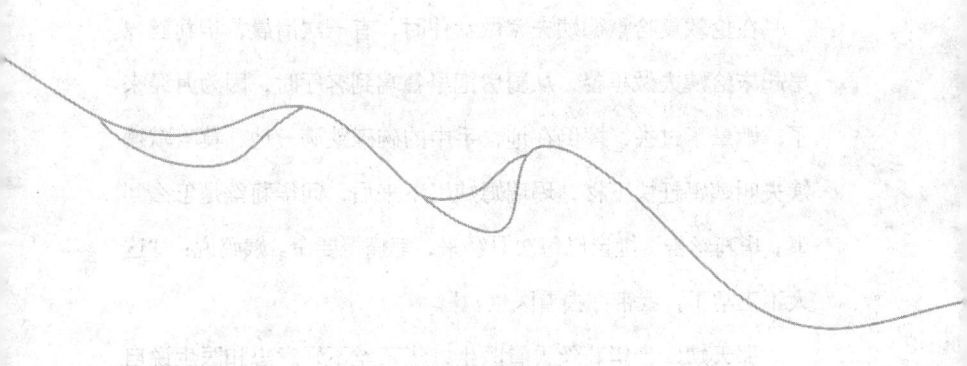

漫漫求医路

　　在伦敦莫哈默德姨夫家做女仆时，有一次清晨，华莉丝一早起床给姨夫做早餐，从厨房把早餐端到客厅时，因为月经来了，她晕了过去，摔倒在地，手中的碗碟跌满一地。莫哈默德姨夫叫姨妈赶快下楼，玛瑞姆姨妈下来后，问华莉丝是怎么回事。华莉丝告诉她自己每次月经来，都痛得要命。姨妈说："这太不正常了，我带你去看医生。"

　　那天姨妈带华莉丝去看医生，华莉丝不好意思和医生说自己割礼的事。医生说："想要不痛经，那就吃避孕药，吃避孕药后会停经，月经不来自然就不痛了。"华莉丝想只要不痛就好，管它来不来月经。

拿回避孕药吃后，月经果然不来了，可是身体出现了一系列不良反应：屁股和乳房变大了，脸也圆了，体重暴增。看着这些变化，华莉丝担心出现其他健康问题，只能停止吃药。可药一停，月经又来了，地狱般的噩梦再次开始。

为了结束这种痛苦，华莉丝独自换了一个医生去看，那个医生也建议她吃避孕药。华莉丝把第一次吃避孕药的症状告诉他。医生说："吃药就停经，停经就不痛，不吃就来经，来经就会痛，就这样，你自己选择。"当她换的第三个医生还是给了她同样的建议时，她知道这样是没用的，无法从根本上解决问题。

华莉丝试着和姨妈说："姨妈，这样不是办法，是不是找个特殊的医生看看？"姨妈白她一眼，说："你怎么和医生说？"华莉丝明白姨妈的意思，割礼是非洲的文化传统，自己的本土文化，如何向白人医生说起？

华莉丝的想法很简单，只要每个月不遭这样的罪就行，她知道姨妈不会帮她，决定自己想想办法。于是再次来到姨妈带她去看过的第一家医院，找到帮她看过的医生，那位医生叫麦克雷。

见到麦克雷医生，原本英语就不太好的华莉丝，又因为说的是不堪开口的事，说起来结结巴巴："医生……我每次来月经痛……我……上次来看过……我是索马里人……做过割礼……"

医生大概明白了华莉丝的话，他对华莉丝说："你先去换套衣服，我帮你检查一下。"护士带着华莉丝去换衣服后，让她到里间检查室。华莉丝想到自己要在一个男人面前脱下裤子，分开大腿，让一个陌生男人看自己的隐私处，脸上露出为难的表情。

医生说："别怕，护士就在外面。"她看到隔着帘子的外间，一个女护士正朝着她微笑，目光里充满鼓励。华莉丝想："如果不看，以后每个月就得继续经受痛苦。不管怎样，先看了再说。"

医生检查完毕，脸上很严峻，对外面的护士说："这里有没有懂英语的索马里人，找个人来帮着翻译。"护士说："楼下有个索马里女人，我现在就去。"一会儿后，护士上来了，她领来的是一个索马里男人，原来索马里女人不在，她就找了个男人。

医生对索马里男人说："都不知道她怎么能活到现在，她的阴道缝合太严，不管小便还是月经，都不能顺畅地流出，必须马上手术。"华莉丝从医生严肃的表情上猜测，自己的情况肯定很糟。

索马里男人转身朝向华莉丝，一脸不悦地对华莉丝说："他说，如果你一定要做手术的话，他会帮你打开，但你确定要打开吗？你在一个陌生男人面前，暴露我们种族的隐私，你这样做有违索马里传统文化，你这样做，你家人知道吗？他们同意你来做这种手术吗？"

华莉丝说："没人知道。"他说："那你该回去和他们商量商量。"华莉丝心想："谢谢你提醒，没人会同意我这样做，如果和他们商量，这趟医院都不必跑。"不过她也知道，她不会做这个手术，如果做了，身体有创伤，玛瑞姆姨妈肯定会知道，到时，她要如何向她解释呢？

麦克雷医生对华莉丝说："如果你决定做手术，得预约时间。"华莉丝说："好的，谢谢。"她知道她不会打这个电话。

后来，当姨妈全家从伦敦搬走后，华莉丝立即打电话给麦克雷医生，手术预约日期在两个月后。割礼时的痛苦还在眼前，一想起那时的痛苦，华莉丝就不寒而栗，越想越怕，到了预约日期，她没有去医院，也没有打电话给麦克雷医生就单方面失约了。

住进青年会后，那里基本都是年轻的单身男女，好几个男人约华莉丝一起吃饭或跳舞，都被她拒绝了，她不习惯和男人单独相处。有一天下午，华莉丝在楼下的游泳池里游完泳，从换衣间换了衣服出来，正打算上楼时，听到有人在背后叫她，回头一看，是同住在青年会里的威廉。她认识他，他正坐在小咖啡厅里喝咖啡。

威廉是个帅气的白人，对人很和善，他约过华莉丝多次，华莉丝都没有答应。他对华莉丝说："来，过来看看，想吃点什么？"华莉丝走过去，点了一杯咖啡和一份奶酪三明治。

两人一边吃一边聊，威廉两眼满是期待地对华莉丝说："吃完我们一起去看电影，好吗？"华莉丝笑着摇摇头说："不好意思，我还有一大堆工作要做呢。"威廉听了，果然是意料中的一脸受伤，华莉丝只能在心里说抱歉。"唉。"她在心里叹口气，"如果我没有被割礼过，那该有多好啊，我也可以大胆地和别人恋爱、交往，可惜现在却不能。"

在青年会里，每当有男生约她，华莉丝只能硬起心肠拒绝。以前，在家里或者摩加迪沙，抑或是后来在伦敦姨妈家，都不会面临这样的邀请，因为那时遇见的人，要么知道索马里传统文化，要么在被邀请前就被家人打发了。

可是到伦敦后，华莉丝隐隐感觉自己与其他女孩不同。在姨妈家时，她偶尔会和表姐妹们一起上卫生间，她们小便很快，声音也响，"哗哗哗"几下就完事，而自己每次小便"滴滴答答"要十来分钟。巴斯玛几次问过她原因，她都没有说，以为她们回到索马里也会进行割礼，但那时，她是真心羡慕她们能畅快淋漓地小便，多么希望自己也有那么一天。

在麦当劳打工时，每个月十天的经期是华莉丝最痛苦的时候，她被折磨得痛苦不堪，但是没有一个地方会允许员工每个月请假十来天。为了养活自己，华莉丝只能硬撑，这个情况，玛丽莲早已看了出来，问过好她几次，她只能用"痛经"两字搪塞过去。

有一次也是来了月经，下班回来的华莉丝痛得在床上打滚，玛丽莲建议她去医院看看，华莉丝知道症结所在，不肯去医院。在玛丽莲的一再坚持下，华莉丝终于道出了事情的原委。

玛丽莲听了华莉丝的话，眼睛瞪得像是要吃人，她盯着华莉丝说："你说，你的这里，被割过？"她没弄明白"割礼"是怎么回事，只能简单地指着自己的阴部，用手比画着问华莉丝。

华莉丝点点头，玛丽莲脸上露出死不相信的表情，她说："我能看看吗，华莉丝？"华莉丝脱下裤子，露出平坦的阴部，一道伤疤像拉链一样锁住她的私部。玛丽莲看到华莉丝的阴道后，用双手护住脸，瞬间泪如泉涌。

"天哪，华莉丝，她们对你做了什么？"华莉丝说："你别这样，别让我难受。"玛丽莲说："我真不敢相信，居然会有人对一个小女孩做这样残忍的事，这种事居然会发生在我朋友身上，太可怕了，真的太可怕了。"

华莉丝说："难道你没有割礼过吗？你妈妈没要求你这样做吗？""对，我没有，我妈妈也没有。"玛丽莲也脱下裤子，她说："华莉丝，你还记得自己被切割前的样子吗？"

华莉丝当然记得自己被切割前的样子，看着玛丽莲完整的阴部，华莉丝觉得自己就像茫茫大海中的一艘小船，周围一片漆黑和静寂。她以为世上的女人都是这样的，她不是希望别人也像她一样受苦，可是当她发现只有自己和别人不一样时，那种孤独无法言说。

华莉丝当即决定去做手术，不管了，什么文化不文化，她受够了，这么多年，自己遭了多少罪。虽然失去的已经不可能再得到，但至少可以畅快淋漓地小便，至少可以不再承受这样的痛经。

玛丽莲说："华莉丝，去做手术，我陪你一起去。"

这次华莉丝找的还是麦克雷医生，玛丽莲打电话到医院，为华莉丝预订了时间，手术日期在一个月后。虽然决定了，但华莉丝的心里还是忐忑不安，她不停地问玛丽莲："你真的会陪我一起去吗？"玛丽莲肯定地说："你放心，华莉丝，我一定会陪你去。"

终于到了约定的时间，玛丽莲早早地来到青年会，和华莉丝一起去医院。来到医院，护士把她带到手术室，看到手术床，被割礼时的一幕再次浮现在眼前，华莉丝想拔腿就跑，但是她知道自己必须面对。

手术前，麦克雷医生给她打了一针麻醉药。她真希望五岁那年，也有一针麻醉药，那她就不会痛得死去活来。玛丽莲一直站在手术台旁边，握着华莉丝的手，在麻醉药的作用下，华莉丝睡着了。

等她醒过来，手术已经完成，她躺在医院的病房里。和她同一个病房的是一个生孩子的妇女，她问华莉丝得了什么病，华莉丝无法把实情告诉她，只能说自己得了胃病；当去食堂用餐时，其他病人和家属问她，她也只能这样回答。

与割礼时同样的痛苦还得再经受一次，排尿时，很多年前的痛苦重新袭来，伤口仿佛被浇上了盐水，疼痛难忍。护士给她吃止痛药，还建议她泡在温水里，这样疼痛才减少了一些。

手术做得很好，麦克雷医生告诉华莉丝："你不是一个人，很多像你一样的女人偷偷来找我，她们怕得要死，有的挺着大肚子，下身缝合得这样严实，生育孩子很危险，我尽自己所能，极力帮助她们。"

两个星期后，华莉丝康复出院了。虽然她不可能像没有割礼过的女人那样正常，但是至少与没有割礼时接近了一步。最重要的是，她终于可以像其他女人那样，畅快淋漓地小便，月经来时，再也不用每次痛得在床上打滚。

旧的习俗打破了，新的生活开始了，华莉丝得到了重生。

护照难题，成功路上的绊脚石

　　华莉丝拍完 007 电影《黎明生机》回到伦敦，从希思罗机场出来后，直接去了好友玛丽莲家。自从那天早上去摩洛哥后，华莉丝一直没敢和玛丽莲联系，她心怀愧意，觉得很对不起玛丽莲。

　　当她按响玛丽莲家的门铃，玛丽莲跑过来开门，看到华莉丝后激动地抱着她又蹦又跳，说："你这个疯婆子，终于回来了。"相聚的喜悦冲走了玛丽莲对华莉丝的抱怨，她真是一个值得一辈子珍惜的朋友。

华莉丝以为回到伦敦后，自己的事业会一帆风顺，因为这时的她不仅是倍耐力挂历的封面女郎，还是007系列电影的"邦女郎"。

可出乎意料的是，回到伦敦的她，一直接不到活，她不断跑去经纪公司，缠着经纪人给她介绍工作，可是没用，她不得不换了一个经纪公司，可情况还是没有好转。经纪公司的人告诉她，在伦敦黑人模特的市场并不大，想要干不完的活，得全世界跑——米兰、巴黎、纽约，任何一个地方都得去。

华莉丝也想全世界跑，但是因为护照问题，她出不了伦敦。接不到活的华莉丝，很快就把刚刚挣的钱用完了，甚至连青年会的房租都交不起，可她又不想重回麦当劳打工。好友玛丽莲提出让她搬到自己家去住，玛丽莲和她母亲住在一起，没办法，华莉丝只能搬到玛丽莲家。

玛丽莲母女都很欢迎她，很久没有享受过家庭快乐的华莉丝，很高兴成为她家的一员。一连住了几个月，华莉丝的事业还是没有起色，也不知道什么时候才会好起来。华莉丝觉得长期打扰她们母女也不是办法，之后她从玛丽莲家搬出来，搬到一个中国朋友弗兰基家。

弗兰基是华莉丝理发师的朋友，他有一栋大房子，里面有两间卧室，分给了华莉丝一间，华莉丝很感动。暂时有了固定的住处，她开始专注于开创事业。

　　1987 年圣诞节前些日子，《黎明生机》开始上映，圣诞节到来时，整个伦敦都沉浸在欢庆节日的喜悦中。圣诞节的晚上，华莉丝也和朋友一起去庆祝节日，那天晚上她回家很晚，一到家就马上上床，头一挨枕头就睡着了。迷迷糊糊间，听到有人在敲她卧室的玻璃窗，她爬起来走到窗边，刚刚送她回来的朋友手中拿着一张报纸，他打开报纸，对华莉丝说："你上了《星期日泰晤士报》的封面了。"

　　睡意沉沉的华莉丝，没听清也没看清，回到床上继续睡觉，一觉睡到中午。等中午睡醒时，她想起朋友昨晚敲窗门的事，努力回忆，好像说到什么《星期日泰晤士报》。华莉丝赶紧起床，跑到街上，买了报纸，果然看到报纸的封面上是自己巨大的头像，那头像比真实的头还要大。

　　《星期日泰晤士报》是每周日出刊的一份英国报纸，主要报道时事、政治、商业、体育、娱乐、金融及星期日新闻评论，一直被认为是英国第一主流大报，被誉为"英国社会的忠实记录者"，在全球范围有着很大的影响力。华莉丝想到自己登上了《星期日泰晤士报》，随着曝光率的上升，肯定会给自己的事业带来很大帮助。

　　抱着希望，她跑遍了伦敦的每个角落，不错过任何一次试镜机会，可不管如何努力，她的事业还是毫无起色。她知道，如果护照问题不解决，自己在伦敦的模特行业中很难有立足之地，护照成了她事业上的拦路虎。

经纪公司的人提议，有个叫哈罗德·惠勒的律师，曾帮几个外国移民办过护照，建议华莉丝去找他试试。病急乱投医的华莉丝，找到了哈罗德·惠勒的办公室。哈罗德的办公室在高档写字楼里，楼下标有公司名称，办公室装修得很气派，还配有秘书。

华莉丝在他办公室里见到了他，简单了解之后，觉得收费很高，居然开口要两千英镑，这时的华莉丝连生活都难，自然拿不出这笔钱，但是考虑到如果有了护照，可以去其他国家接活，很快就会赚回这笔钱，她决定冒险试试。

华莉丝东借西凑了两千英镑，却不敢直接拿钱去见哈罗德·惠勒，怕万一被骗就是鸡飞蛋打的结局。她约上玛丽莲，再次去见哈罗德·惠勒，华莉丝开门见山地和他说："钱我准备好了，但是你必须保证这护照能够让我合法地去世界各地。"哈罗德·惠勒说："你放心好了，已经有很多移民从我这里拿了护照。"华莉丝说："你是怎么给他们办的护照？"哈罗德说："这是我们的商业秘密，不能外泄，你把钱交了，我们才能给你办事。"

华莉丝和玛丽莲商量了一下，觉得也没有其他办法，华莉丝说："那我还需要准备其他资料吗？"哈罗德·惠勒说："你需要和一个爱尔兰人结婚，这个人我已经找好了，你交的两千英镑是给你丈夫的，到时你带一百五十英镑就行，我们只收这部分费用。"

哈罗德告诉华莉丝，给她找的爱尔兰丈夫姓奥沙利文，他还交代华莉丝，后天上午九点，她到婚姻登记处去等她丈夫，哈罗德会把一切安排好。哈罗德最后还告诉她："护照大约在两周后可以拿，我到时会让秘书给你打电话。"

一切都有条不紊，华莉丝和玛丽莲走出惠勒的办公室时，华莉丝问玛丽莲："你觉得可靠吗？"玛丽莲说："看这架势，好像还靠谱，重要的是你除了这个办法，也找不到其他更好的办法。"对，最重要的是再没有其他办法，如果还有一点其他希望，华莉丝也不愿冒着被骗的危险，对此事她心里总感到不踏实。

领结婚证的那天，华莉丝和玛丽莲先来到婚姻登记处门口，当看到一个满头白发，走路都跌跌撞撞的老头时，华莉丝还不敢相信这个人会是她名义上的丈夫。当问清楚确定是他后，华莉丝真怕连路都走不稳的奥沙利文，没等领完证就完蛋了。

奥沙利文问华莉丝："你就是要和我结婚的小妞？"华莉丝点点头，他说："一百五十英镑带来了吗？"华莉丝说："带来了。"他伸出手说："那把钱给我。"浓郁的酒味扑鼻而来，华莉丝和玛丽莲赶紧护住鼻子，华莉丝说："等领完证再给你。"

　　华莉丝率先朝登记办公室走去，奥沙利文跟在后头，登记官知道他们是来结婚后，问华莉丝："你是否愿意嫁给……"话还没说完，只听到身后"砰"的一声，有沉重的东西倒在地上。华莉丝低头一看，像在威士忌池里泡过一样的奥沙利文摔倒在地。

　　华莉丝真怕他死了，赶紧蹲下身，捏着鼻子在他脸上拍，奥沙利文只是嘴里发出"呜呜"的声音。华莉丝向登记官要了一杯冷水，全部浇在他的头上，一旁的玛丽莲，已经笑得捂着肚子站都站不住了。

　　华莉丝也觉得好笑，没想到自己当初不愿意嫁给一个老头，独自横穿沙漠来到伦敦，现在嫁的人居然比那个老头还老。看着躺在地上的奥沙利文，华莉丝也乐得笑起来。

　　在冷水的刺激下，奥沙利文终于睁开了眼睛，华莉丝怕领不了证得不到护照，赶紧叫玛丽莲帮忙扶起他，两个人一人在一边拉着他，终于把证领了。领完证走出登记处，奥沙利文还没忘记向华莉丝要钱，看着这个酒鬼，华莉丝把钱给了他，以防万一，还向他要了地址。

　　一个星期后，哈罗德·惠勒的秘书果然给华莉丝打来电话，让她去拿护照。华莉丝想到即将到手的护照，想到自己有了护照就可以全世界跑，那就不怕赚不到钱了，想着即将带来的大好前程，她怀着愉快的心情去了哈罗德的办公室。

哈罗德拿出一本爱尔兰护照，上面贴着华莉丝的照片，名字一栏里写着华莉丝·奥沙利文。华莉丝看着护照，虽然她看不出护照的真假，但是至少看到过真实的护照，看着这本粗糙的护照，觉得随便哪个印刷厂里都能搞出来。

她问哈罗德："你这护照是真的吗？"惠勒肯定地说："当然，这是爱尔兰护照，合法的，你去哪里都行。"华莉丝翻来覆去地把护照看了几遍，看不出哪里不对，想："只要能用就好，管它是什么样子。"

有了护照，经纪公司很快给华莉丝接了米兰和巴黎的活，她递交签证申请。几天后，华莉丝收到一封信，看到写信人的地址，华莉丝倒吸一口气，信是移民局寄来的，要她去一趟移民局。华莉丝心一沉，知道不会是好事，但是没办法，只能硬着头皮去移民局。

来到移民局，找到相应的办公室，移民局工作人员板着脸对华莉丝说："坐到这边来。"华莉丝在民政局工作人员的对面坐下来，工作人员开始盘问她："你从哪里来，从事什么工作，结婚前叫什么名字，和你结婚的人叫什么名字？是怎么拿到这本护照的？拿到这本护照一共用了多少钱？"

他们一边问一边记录，华莉丝看着问题回答，知道有些不能说得太清楚，只能编答案，有些一时编不出，就当作听不懂英语。盘问完毕，移民局收了华莉丝的护照，要华莉丝和她丈夫一起再来移民局。

华莉丝知道自己被骗了，想拿回被骗的两千英镑。她先去找哈罗德·惠勒，来到他办公室楼下，按响门铃对讲机，秘书接了电话，华莉丝说想要见哈罗德，秘书说他不在，不管华莉丝如何恳求，秘书就是不松口。

华莉丝只能守株待兔，连续几天守在大门口，想等哈罗德出现时堵截他，可是他再也没有出现过。华莉丝只能不断地按响门铃对讲机，对着秘书大吵大闹，秘书始终维护着自己的主人，不给华莉丝进门的机会。

没办法，华莉丝只能转换方向去找奥沙利文，奥沙利文住在伦敦南边的克罗伊登区，那里是移民区。华莉丝按着那天要来的地址，找到一间破房子，她敲了很长时间的门，可屋里一直都没有响动。她绕到后面，发现有个窗户，于是搬了块石头垫在下面，站到石头上往里看，房间里空无一人。

"他会去哪儿呢？"华莉丝想到那天见到他时，他喝得烂醉如泥，估计这酒鬼是去酒馆喝酒了，于是顺着旁边的路走到街上，华莉丝看到路边有一家酒馆，刚走到门口她就看到了奥沙利文，他正坐在吧台前喝酒呢。

华莉丝走到他跟前问他："你还记得我吗？"奥沙利文看了她一眼，什么都没说，继续喝酒。华莉丝知道除了酒，没有什么事能打动他，但是没有办法，她只能耐着性子求他："奥沙利文，我现在遇到了困难，移民局要你去一趟，让你确认一下我们结婚的事，我找不到那个律师，只能来找你，求求你帮帮我。"

　　不管华莉丝说多少好话，奥沙利文始终摇头，不肯跟华莉丝走。华莉丝说："看在我给你两千英镑的面上，请你跟我去一趟移民局，好吗？"听到钱，奥沙利文瞪着眼睛看着华莉丝说："谁拿了你两千英镑？我可只拿了一百五十英镑，我长这么大都还没见过两千英镑呢。"

　　华莉丝说："哈罗德·惠勒让我给他两千英镑，说这钱是给你的，然后安排你娶我。"奥沙利文说："反正我没得到那笔钱，与我无关，这是你自己的事。"华莉丝知道，看他的性格，没钱估计什么都免谈，她只能说："奥沙利文先生，只要你肯帮我这个忙，我会请你喝很多酒，也会给你一些钱。到时我们直接坐计程车去，不用你挤火车，好不好？"

　　听到酒和钱，他的眼里总算是有了点光，他说："你说的是真的吗？"华莉丝向他保证，一定会让他喝够酒，好说歹说，奥沙利文终于答应第二天跟华莉丝去移民局。

　　第二天华莉丝再次来到奥沙利文的家门口，敲敲门，没有回音，她又找到昨天的酒馆，没有看到奥沙利文，酒馆老板说："现在还早，他还没来呢。"华莉丝又返回那座破房子前，重重地擂着门，擂了很久，还是没有声响，她只能独自坐在门前的台阶上,华莉丝想到自己一路走来的艰辛,忍不住想痛哭一场。

这时,走来两个流里流气的年轻男子,看到华莉丝坐在门口,说:"你坐在我家老头子门口干吗?"华莉丝说:"你们父亲娶了我,可能你们不知道,我有点事要他帮忙。"

其中一个说:"你大白天说什么鬼话,快给我滚开,不然就不客气了。"华莉丝说:"我和你父亲结婚后,遇到了一点麻烦,现在需要他和我一起去一趟移民局,去拿回我的护照。"

另一个男子俯身捡起一根木棍,朝华莉丝挥,凶狠地说:"如果你再不走,我就狠狠地教训你一顿。"华莉丝看出这是两个亡命之徒,与这样的人是没有道理可讲的,好汉不吃眼前亏,如果不及时走,说不定真的要吃亏,华莉丝只能站起来,快速离开。

欠了一屁股债,又没有护照,华莉丝无法工作,为了不坐以待毙,她只能再次去找奥沙利文。过了一晚,她再次来到奥沙利文家附近,想到昨天他两个穷凶极恶的儿子,华莉丝不敢再在他家门口徘徊,怕万一再次碰到,说不定真的会没命。

华莉丝来到对面的公园里,坐在长椅子上,眼睛盯着奥沙利文的家,没过多久,那老头终于跟跟跄跄地出来了,华莉丝赶紧迎上去,这天可能他心情较好,华莉丝没说多少话,他就同意和华莉丝一起坐计程车去移民局。他问华莉丝:"你真的会给我钱,还会请我喝酒是吗?"华莉丝说:"你放心,我保证,等从移民局出来，我带你去喝很多很多的威士忌，还把你送回到这里，请你放心。"

华莉丝带着奥沙利文来到移民局，移民局工作人员问华莉丝："这是你的丈夫奥沙利文先生？"华莉丝说："是的。"移民局工作人员说："奥沙利文太太，再不要跟我们兜圈子了，把事实经过详细说一次吧。"

这几天下来，已经把华莉丝搞得心力交瘁，她知道再怎么狡辩都于事无补，于是从自己做模特儿开始说起，到后来找哈罗德·惠勒做护照，和奥沙利文结婚等经过细细地说了一次。移民局工作人员对哈罗德·惠勒很有兴趣，听完华莉丝的话后，工作人员说："我们先调查一下，等调查好了会再和你联系，大概一个星期左右。"

一走出移民局，奥沙利文就吵闹着要去喝酒，华莉丝实在不想再看到他，从包里取出最后的二十英镑，塞到他手里，转身就走。奥沙利文一看只有二十英镑，站在大街上破口大骂："你这婊子，你骗我。"路人纷纷驻足观看，大家都一脸疑惑，他们肯定搞不懂，这个被骂婊子的人，怎么反而给他钱。华莉丝只想离他远远的，赶紧走掉了。

过了几天，华莉丝就接到了移民局的电话，他们说哈罗德·惠勒的调查还没有进展，可是给了华莉丝为期两个月的护照，还好，至少这两个月是自由的，华莉丝决定趁这两个月好好挣点钱。

华莉丝利用这两个月，跑了很多地方，结识了很多朋友，她疯狂地接活。在米兰，她遇到来自英国的另一个模特儿茱莉，她和茱莉成了好朋友，两人走遍了米兰的每一个角落，米兰服装周结束后，两人继续结伴前行。

两个月的签证很快到期，华莉丝不得不回到伦敦。在伦敦她遇到了一个来自纽约的经纪人，他到伦敦寻找新人，遇见华莉丝后，极力地邀请她去纽约。他说："如果去纽约，他能给她接很多的活，多得干都干不完。"

这是华莉丝梦寐以求的，于是赶紧答应了下来。经纪公司做好了安排，她申请签证去美国，美国大使馆审查了华莉丝提交的资料，联系了英国大使馆。华莉丝收到一封信，信上通知她三十天后将会被遣返回索马里。

这个消息，无疑是晴天霹雳。华莉丝给茱莉打电话，她在电话里说："茱莉，我这次死定了，要被遣送回索马里了。"茱莉在电话里安慰她："华莉丝，你别急，要不你来我家住几天，先放松一下心情，我们再一起想想其他办法。"

茱莉和她弟弟一起住在切尔滕纳姆，如果坐火车去，几个钟头就能到达。想不出更好办法的华莉丝，决定去见见茱莉，看看能不能想到其他办法。茱莉来火车站接她，刚到她家坐定，茱莉的弟弟尼盖尔就走了进来，这是一个身材高挑、脸色苍白、留着金色长发的年轻男子，他的手指和牙齿被烟熏成了黄色。

华莉丝向茱莉说了要被遣送回索马里的事，尼盖尔坐在旁边，一根接着一根地抽烟。当华莉丝说完，尼盖尔对华莉丝说："没事，我可以帮你。"华莉丝没想到这个认识还不到半个小时的男人居然说要帮她，也不知道他如何帮她，于是问道："你怎么帮我？"

尼盖尔说："我们可以结婚，我是英国公民，如果你和我结了婚，护照问题不就解决了。"假结婚的亏华莉丝已经吃过了一次，她不想再给自己找这样的麻烦，连连说："不行，不行，就因为那次和奥沙利文结婚，才造成现在这个局面，我宁愿回索马里，也不想再用这样的方式获得护照。"

尼盖尔站起来，走到楼上，等他再下楼时，手里已经多了一份报纸。这份报纸是一年前的《星期日泰晤士报》，报纸上的整个封面是华莉丝的巨大头像。这报纸出版时，华莉丝和茱莉还没认识。

尼盖尔说："我看到这张报纸时，就相信自己一定会遇见你，我在照片上看到你眼里有大大的泪水滚落，知道有一天你会需要我的帮助，这是安拉的意志，把你送到我身边，让我帮你。"

华莉丝看着面前的男人，她脑子里的第一个反应是，你比我更需要帮助。茱莉说："你回到索马里能干什么？华莉丝，既然尼盖尔愿意帮助你，那就让他帮助你吧。"

华莉丝问尼盖尔："你为什么要帮助我，你这样做，对你有什么好处？"尼盖尔说："我不图什么，只是想帮助你。"华莉丝说："我已经结过一次婚，再结婚不是跑一趟登记处那么简单。"尼盖尔说："没事，你可以先和他离婚，然后我们结婚。"

华莉丝总觉得这个办法不靠谱，她始终下不了决心，茱莉和尼盖尔不断地鼓励她。华莉丝在茱莉家住了几天，在姐弟俩的不断游说下终于同意，想到万一有事，茱莉是自己的好朋友，尼盖尔总不会太为难自己。

华莉丝再也不想独自去见奥沙利文，怕遇见他的两个儿子，也讨厌见到这个老头子。尼盖尔决定陪着她一起去。华莉丝知道，想要这老头子帮着办事，没钱肯定行不通，尼盖尔说："没事，如果钱能解决问题，到时给他一笔钱吧。"

于是，尼盖尔开车和华莉丝一起去，再次来到了那座熟悉的破房子前，华莉丝和尼盖尔从车上下来去敲门，敲了很久，里面也没有任何反应，华莉丝以为那老头又去旁边的酒馆喝酒了。这时，住在旁边的一个妇女大概听到了敲门声，走出来说："你们找奥沙利文先生吗？我们好几天没看到他了，不知道怎么回事儿。"

华莉丝带着尼盖尔绕道到后面的窗户，一走近窗户，就闻到从里面传出的令人作呕的臭味。尼盖尔推开窗户，看到地板上睡着一个老头，身子笔直。尼盖尔说："他死了，躺在地板上。"

这一刻，华莉丝感到内心一阵轻松，似乎一件重物放下了，尽管这样想显得不道德。回到切尔滕纳姆，华莉丝和尼盖尔领了结婚证。华莉丝和尼盖尔商量好，他们只是名义上的夫妻，两人住在一起却分房睡。华莉丝提出，等以后挣了钱会在经济上帮助他，尼盖尔坚持说不要她回报，他只是单纯地想帮她。

一天早上，华莉丝要去伦敦试镜，不到六点就起床了，正在楼下做早餐的华莉丝听到门铃响了，打开门，看到两个穿着制服的人，提着公文包，没等华莉丝开口，就走进了家门。他们问华莉丝："我们是政府派来的，你是理查兹太太吗？你先生在家吗？"

华莉丝看着这俩人，立即明白了什么事，朝着楼上喊："亲爱的，请下来，有人找你。"尼盖尔还睡眼蒙眬，走到楼下，看着那俩人说："什么事？"

其中一个人说："我们想了解一下，你和你太太是不是住在一起，是不是真正的结婚？"尼盖尔说："现在，你们不是看见了吗？还有什么问题？"他们说："我们想检查一下房子。"尼盖尔咆哮起来："你们给我滚出去，我爱我的太太，我可以为她去死。"两个工作人员被尼盖尔的态度吓坏了，连话都不敢回，赶紧灰溜溜地走了。

华莉丝看着尼盖尔，她知道尼盖尔说的是真话，她发现他已经爱上了她，这真是一件糟糕的事，俩人原本说好的结婚只是为了护照，被一个自己不爱的人爱上，也是一个大麻烦。每次华莉丝出去工作，尼盖尔总是不停地问："你去哪里？和谁在一起？要多久？"这些关怀就像丈夫对妻子的关怀，华莉丝从内心感到恐惧。

尼盖尔不断地哀求华莉丝爱上他，可是爱一个人是无法勉强的，尼盖尔越哀求，华莉丝越讨厌他。原本她还对尼盖尔的帮助怀着感激之心，可这感激被尼盖尔日渐磨灭，华莉丝只能抓住一切可以工作的机会，借机离开尼盖尔。

有一次，华莉丝去伦敦，站在月台上，想到尼盖尔发疯一样地要她爱上他，护照问题又没有最终解决，人生烦恼一个接着一个，她真想纵身从月台上跳下去，来个一了百了，烦恼也就随着生命的终结而自动消失，可是她转而又想，自己凭什么要为一个发疯的男人结束生命呢？

尼盖尔是真心爱上了华莉丝，为了护照，一年后，他去移民局大吵大闹，移民局总算收走了华莉丝的索马里护照，给她发了新的临时护照，华莉丝终于可以自由地离开英国了，不过需要频繁地换护照。

当护照到手时，华莉丝看到护照上盖着一个章："允许在索马里以外任何国家通行。"这时，索马里正在打仗，作为英国公民，英国政府要为公民的生命安全负责，他们自然不希望华莉丝回到祖国。华莉丝看到这个章，不禁惊呼："天哪，我居然连自己的祖国都回不去了。"

可是一切为时已晚，如果知道换了护照后回不了祖国，华莉丝宁愿要那本索马里护照，可是要想再换回来，已经不可能，她成了真正的异乡人。既然已经无法回头，那就只能前行，华莉丝订好机票，打算去纽约大干一场。

在广阔的天空展翅翱翔

护照难题解决后,华莉丝迫不及待地买好了去纽约的机票。第一,是为了自己的大好前程,只有走出伦敦,才能给自己找到更广阔的天空;第二,是为了摆脱尼盖尔。当初为了获得护照能够在英国留下来,尼盖尔承诺无偿帮助华莉丝,可是尼盖尔却深深地爱上了她,把这次假结婚当成了真结婚,一直骚扰着华莉丝。

当尼盖尔知道华莉丝要前往纽约时,他一再要求陪她去纽约。尼盖尔不停地说："你一个人去纽约不安全，那里乱极了，让我和你一起去，我可以保护你。"尼盖尔从来没去过纽约，却说得头头是道，仿佛对纽约了如指掌。

华莉丝极力反对，尼盖尔却一次又一次地重复着他的重要性。华莉丝了解他的性格，绝对不可能让他一起前往，于是没有告诉他具体的航班时间，趁他不在家时，提早出了门，给了他一个措手不及。

华莉丝来到纽约后，很快就成了各种大牌的代言人，可她最喜欢的还是走 T 台。每年设计师们都会举行两次时装秀，从米兰开始，接着是巴黎、伦敦，再到纽约，这就是所谓的四大时装周，分为秋冬时装周（2、3月）和春夏时装周（9、10月上旬）两个部分，每次大约在一个月的时间内相继举办三百余场时装发布会。米兰时装周被认为是世界时装设计和消费的"晴雨表"。

米兰时装周一开展，城市里的每一个地方，放眼望去，都是各种肤色的长腿美女，有单个的，有结伴的。她们间有熟悉的，见了会互相打个招呼，有陌生的只是擦肩而过，有不经意遇见的朋友，相拥着又蹦又跳……到处都是人，街头巷尾、商场里、咖啡店里、巴士站上，每一个角落都充塞着时髦的女子。

每个有着模特梦的女孩子，这时会一股脑儿涌向米兰。有的人是名模，这种场面司空见惯，走在街上自信满满；有的人是第一次来参加这种活动，显得好奇和胆怯；有的人大声说话；有的人独自沉默……世态百相，尽显眼底，但是她们的宗旨都一样，希望梦想能在这里开花。

在经纪人的安排下，模特们拼命试镜，一天要试十来次，从第一个地方试镜完毕，不停留，就赶往下一个试镜点，然后再下一个。没有时间喘气，没有时间吃饭，拿着自己的照片集，玩命似的一场又一场。

有的客户一见你，直接否定你，比如他们要金头发白皮肤的白种人，那黑种人就直接被淘汰，哪怕你很向往与这个设计师合作，也没有商量的余地；有的看你不错，让你转几个圈，然后完事儿；有的会让你试穿时装，时装刚套上，还没走上几步，就接着喊"下一个"。你不知道自己有没有被选上，也来不及关注这些又得匆匆地赶往下一场，如果选上了客户会和经纪公司联系，你的任务就是不断地试镜。

在这里，你不能太在乎得失，不然会搞得心力交瘁，大部分试镜都不会录用，如果过分在乎，只会打败自己。刚参加时装周活动时，华莉丝很希望能和一些自己仰慕的品牌和设计师合作，可是人家没看中，华莉丝也会感到难受，但是难受解决不了问题，反而会影响下一场的试镜。

参加了几次活动后，华莉丝就调整好了心态，她知道大部分试镜都是白忙碌，一天才参加三四场时装秀，却试镜十几次，于是她得出了在这行工作生活的座右铭——这就是生活！一些新人，常常乘兴而来败兴而归，现实很是残酷，有梦是好事，但并不是所有的梦都能开出绚丽的花，许多新人只在时装周出现一次后，不堪面对劳累和失败，就梦断时装周。

生活就是这样，你要的不一定会青睐你，你不想要的反而可能垂青你，就像你爱的人不爱你，爱你的人你又不爱，生活从来没有两全其美，经历得多了，就学会了随遇而安。任何一个行业，总有生活规则，都饱含着人生哲理，学会坦然接受，才能让自己不至于在悲观中绝望，悲观无法拯救理想，让自己始终怀有满满的斗志，才能遇见更好的自己。

在忙碌的试镜中，华莉丝常常连饭都顾不上吃，整个人极度疲劳，几天下来便瘦了一圈。可是没办法，还是得坚持，还得容光焕发，因为自身的模样是吃饭的本钱，如果萎靡不振，人家看一眼就让你走人，没有客户会要一个半死不活的模特。

这一切都只是时装周前的准备，等真正的时装秀开始，会进入更疯狂的忙碌。那么多人需要化妆、做发型，每个人得提前几个小时到场，化完妆等做发型，发型做完，穿上第一套服装，站着等几个小时上场，不能坐，否则会把裙子弄皱。

每场时装秀都有很多姑娘，每个环节你都只能等、等、等，终于开始走秀，华丽的前台，混乱的后台，负责人高叫着名字，谁，第一个，谁，下一个，后台到处是人，报到名字的人推开拥挤的人群，不断地说："让让，让让，轮到我了，轮到我了。"

终于轮到自己后，在混乱中挤到台边，灯光、音乐，所有人的目光集中到自己身上，自己成了所有人的焦点，这一刻，自己是最美丽的，是一个骄傲的王者。台下几年功，台上十分钟，准备了那么久，短短的二十来分钟就结束了光彩夺目的走秀，你还来不及从刚刚的绚丽中回头……可你没有时间遗憾，你得继续下一场走秀。

四大时装周差不多每个地方为期两周，米兰时装周一结束，这群人就像迁徙的动物，一起赶往巴黎，在巴黎继续上演在米兰时的一套，然后是伦敦和纽约。疯狂地试镜，疯狂地走秀，疯狂地搬迁，让你筋疲力尽。等纽约时装周一结束，你都不想待在有人的地方，只想一个人找个安静的地方，好好休息，好好睡觉，如果继续工作，真有可能过劳死。

华莉丝喜欢这份工作，但是工作中也会遇到不开心的事儿。有一次和一家主流时装杂志合作，杂志的艺术总监是一个上了年纪的女士，她的生活单调刻板，除了工作再没其他，没有朋友、没有爱人、没有爱，也没有被爱，她把所有的精力都投在工作上，一个女士的尖酸刻薄，在她身上体现得淋漓尽致。

她看每个人都不舒服，总是不断地指责别人，吹毛求疵，小事化大，一天到晚都在抱怨和呵斥，一张脸就像僵尸脸，整天没有一点儿笑容。看到华莉丝脚上的疤痕，她大呼小叫："天哪，你脚上是怎么回事？是谁挖掘了你？这样一双布满疤痕的脚，难看死了，是什么让你走上模特之路的？"

言外之意，好像华莉丝走上模特之路是靠不正当手段，华莉丝真想狠狠地甩她几个巴掌，可是和这种人计较，反而显得自己无礼了，难道疯狗咬了你，还要咬回去吗？暂且就把她当疯狗吧。

可是这疯狗变本加厉，那个女的给华莉丝纽约的经纪公司打电话，说她工作没有激情，又如何懒散。经纪公司的人熟悉华莉丝的性格，他们被她说得莫名其妙，打电话问华莉丝到底是怎么回事。华莉丝说："遇见疯子，你还能怎样？"

经纪公司的人明白了，只能劝慰华莉丝让她多忍耐。华莉丝经历过人生中的很多挫折，面对这个变态女，心理素质极强的她还能忍耐，可是她亲眼看到一些刚入行的小姑娘，在她的挑剔和指责下，自信全失，只能痛哭着离开。

华莉丝喜欢模特行业，凭着天生的长相能游山玩水，养活自己，但心里却并没觉得干这行有多伟大，看到媒体把模特行业吹捧上天，就感觉好笑。模特行业给她一种不真切的感觉，穿着衣服走几场秀，拍一些时尚的照片，居然就能挣大把大把的钱，可她确实因为这个行业名利双收。

没有人十全十美，是人总有短处，不管事业多风光，总会有小烦恼存在。华莉丝的一双罗圈腿，就曾令她烦恼过，因为小时候营养不良，沙漠中很多人都是罗圈腿，每当客户要她试穿短裙，她都会感到尴尬和不自在，因为一穿短裙，罗圈腿就暴露无遗，那些客户看到她的腿，都会毫不留情地拒绝和她合作。

为了避免这种歧视，华莉丝去找过医生，她对医生说："请你把我的腿骨折断，重新调整。"医生说："你已经成年，骨骼再生能力差，不适合做这样的调整。"许多年后，当华莉丝重新想起这一幕，暗暗舒口气："还好，那医生没把我的腿折断，不然可要后悔了。"

是啊，为了多走几场秀，把腿折断重新调整，把原来的自己搞没了，这还是华莉丝吗？她慢悠悠的步伐，正是非洲女人特有的步伐，这里有她成长的故事，有她童年的回忆，每一步都见证了她过去的岁月。忘记过去就是背叛，非洲、沙漠，永远是她心底最温暖的地方。

还有一次，华莉丝去与世隔绝的加利福尼亚的大沙漠里拍广告，那次她要和一头公牛合作。在炎热的太阳底下，公牛四只脚被固定住，牛头上全是汗，牛鼻子湿嗒嗒的，她要拍的场景是赤身裸体的她，装着轻松愉快地俯在牛背上。

看着烦躁不安的公牛，华莉丝心想："如果这家伙把我从它背上甩下来，那可不是闹着玩的。"不管如何，她只能爬上牛背，当她在牛背上伸开双手，脸上露出享受的表情时，公牛果然扭动起身子，把她甩了出去，赤身裸体摔在沙子上，擦伤肯定难免，华莉丝不想显露出软弱，装着没事儿再次爬上牛背。

　　当她再次露出甜蜜的笑容俯在牛背上，摄影师还没拍摄完毕，烦躁不安的公牛又摇头甩尾，把她甩了下来，华莉丝被摔得晕头转向。为了尽快完成拍摄，她只能站起来，再次爬上牛背，可那牛就是不给面子，第三次把华莉丝从背上甩了下来，这次华莉丝的脚扭伤了，肿了起来。

　　从来都不服输的华莉丝，咬着牙还是爬上了牛背，她真想和那些摄影师说："你们动作能不能快一点？"但是拍摄效果最重要，她知道不能催他们。

　　这是华莉丝最后一次拍裸体照。在一大群男人面前，全身赤裸地走来走去，趁有空隙才能抓块毛巾披在身上，华莉丝觉得没有意义，挣这点钱不值，此后她没有再拍过裸体照。

　　这次和公牛合作是给一种酒拍广告，原本是打算将照片用在酒瓶的标签上，不知为何，最后照片没用上。华莉丝感到很高兴，想到一大群男人在喝酒时，却看着自己，想想实在没劲。

　　许多人削尖脑袋想做模特，认为这个行业很风光。确实，去美丽的地方，结识美丽的人，不但免费欣赏美景，而且还能赚钱，这样的生活表面上看很风光靓丽。可是在许多个夜深人静的晚上，华莉丝的灵魂得不到安歇，她看到了模特行业和广告行业里很多不道德的商业行为，为了把自己的产品推销出去，赢得更多消费者，商家们在广告中夸大其词、弄虚作假、无中生有，她觉得自己与他们狼狈为奸。

"我相信世界上最重要的是自然、个人的善良、家庭与友谊。可我用大大的微笑来推销商品，靠劝人'买下这东西吧，多漂亮啊'这样的方式来谋生。"崇尚真诚、善良与真实的华莉丝，觉得自己是在帮着不良商家摧毁世界，鼓了钱包失了良知，这不是华莉丝的个性，她不是唯利是图的人。

站在事业的顶峰，华莉丝没有沉沦于声色犬马中。从小在大自然中长大的她，最喜欢回归自然，工作空闲时，她会去郊外找一片有鸟鸣的树林，在树林里坐下来，阳光透过树缝，偷偷地窥视着她。她闭上眼睛，一个人安静地坐着，感受着阳光的温暖，倾听着树叶的摩擦声，在大自然的静谧中，仿佛回到了家乡。

小时候的华莉丝，晚上睡觉都是躺在露天的沙漠里，真切地与自然融为一体，那种感觉与电视上报道的那种体验生活完全不一样。星空、沙漠、家人的呼吸声、远处的牲口，一切与生活密不可分，虽然生活贫穷，但是内心富裕，一家人劲往一处使，团结、积极、乐观，这样的童年生活，让她学会了崇尚真实、追求真实，她能在模特事业上独树一帜，和小时候的成长环境是分不开的。

华莉丝在模特行业名气越来越大，找她合作的客户也越来越多，她的工作日程总是排得满满的。在沙漠时大家对时间的判断是看太阳在空中的位置，心里大概有个数就行，哪怕估计错误回家迟了，大不了多走段黑路，可是在纽约这样快节奏的都市里，人们都是用分来计算时间。

不习惯用手表的华莉丝，因此常常会错过和人家的约定时间，这给她的工作带来了很大困扰。工作越多，这样的出错也越多，华莉丝终于意识到了事情的严重性，所以下定决心要改变自己的时间观念，可是这种错误还是常常会有。

任何东西都有两面性，时间观念的淡薄，给华莉丝的工作带来了困扰，可是她没有一般都市人的焦虑。心态平和，这对她事业的发展有着一定的好处，也形成了她独特的风格。随着护照问题的解决以及自身的努力，华莉丝为自己的模特事业打拼出了一片广阔的天地。

重返故土，弹响心底最柔软的琴弦

　　1995 年，忙完了一大堆拍摄任务与时装秀的华莉丝，正在特立尼达岛休整。她从一个牧羊女成为国际名模的励志故事，引起了英国广播公司（BBC）的关注。成立于 1922 年的英国广播公司（BBC）是英国最大的新闻广播机构，也是世界最大的新闻广播机构之一。给 BBC 拍片的导演格里·波默罗伊从伦敦打电话给华莉丝。

　　接到格里·波默罗伊的电话时，华莉丝直接回绝："不好意思，我正在休假，关于拍片的事，等我回到伦敦再谈。"格里说：
"对不起，这事得现在决定下来，有几个问题需要你回答。"

华莉丝在电话里回答了格里的提问，但是她还没有决定要
接受这次拍摄。隔了一天，华莉丝再次接到格里的电话，格里
说："华莉丝，我们想给你拍一个纪录片，做成一集电视剧，
用在《改变我一生的那一天》节目里。"

华莉丝拿着听筒犹豫，转而想到了一个交易，她对格里说：
"如果你们能找到我妈妈，让我回索马里见她，我就同意拍摄
这个片子。"

这时的华莉丝已经二十八岁，自从十三岁的那个清晨告别
母亲后，整整十五年她再没有回到过家乡，再没有见到过父母。
特别是护照上盖着"允许在索马里以外其他国家通行"的印章，
使她回不了索马里，想见到父母难上加难。如果能趁着这次拍
摄回到家乡，见到久别的父母，也就圆了自己多年重回家园的
梦想。

格里一口答应，他觉得华莉丝和家人在沙漠团聚的一幕，
可以作为片子的结尾，这会让片子更加完美。他们暂时约定，
华莉丝先在纽约工作，等有了她母亲的消息后再回伦敦一起策
划前行计划。

自从格里答应帮助华莉丝回国见自己的母亲后，华莉丝天
天盼着这一天的来临。摄制组让华莉丝一回伦敦就和他们联系，

先拍一些在英国和美国的镜头。

摄制组首先拍摄的是华莉丝在伦敦生活过的轨迹和认识的人。先从她在姨夫莫哈默德家做女仆的故事开始,摄制组去了华莉丝住了四年的大使官邸,然后再沿着大使官邸到万灵教会学校。华莉丝当年是在送苏菲去万灵教会学校读书时遇见摄影师马尔科姆·费尔柴尔德的。为了能给华莉丝拍照,马尔科姆整整跟踪了华莉丝两年,直到她在麦当劳打工时重新遇见,才终于给她拍了照。

BBC 摄制组采访了马尔科姆,问当时的华莉丝是哪里吸引了他,使他对一个默默无闻的女仆能如此执着;还找到了特伦斯·多诺万,了解华莉丝成为倍耐力挂历封面女郎的经过;之后又拍摄了华莉丝第一家签约的经纪公司总监萨拉·杜卡斯,萨拉已经和华莉丝成了好朋友。

拍摄完伦敦的镜头,他们又来到洛杉矶,恰巧美国著名音乐电视节目《灵魂列车》让华莉丝客串一期节目主持人,使得华莉丝的工作量倍增。《灵魂列车》拍摄她当主持人,BBC 摄制组拍摄《灵魂列车》摄制组,华莉丝的口语虽然比以前好多了,但她还是有诵读障碍,只要朗读,就结结巴巴。

摄制组在题板上写好字,让华莉丝照着题板念,但是她总是无法顺利完成。那天,她从上午十点开始工作,一直忙到晚上九点,一次次重拍,搞得她都没有信心了。一直拍到第九十六次，还是没有过关。每次重拍，伴舞的舞蹈团都在她后面跳舞，越到后来，那些舞者们的脸色越难看，也难怪，他们只是陪衬，主角没做好，他们只能一次次重复再来。

华莉丝觉得自己糟透了，情绪低落，摄制组的导演却很耐心，不断地鼓励她，让她放松下来。那次邀请的歌手是华莉丝最喜欢的歌手之一——唐娜·萨默，作为主持人，华莉丝得说主持词，可说到一半，她又开始结巴，华莉丝沮丧极了。《灵魂列车》的导演和华莉丝再次沟通，让她想想问题出在哪里。华莉丝说："这个说话方式，不是我平时的习惯。"摄制组重新又来，让她按着自己的说话方式，结果还是一团糟，摄制组想尽办法补救，这是华莉丝最惨的一次拍摄。

当这个节目勉强过关时，华莉丝长长地出了口气。令她高兴的是，唐娜·萨默送了一张签名精选集 CD 给她，已经是大牌的华莉丝，像一般粉丝遇见偶像一样，着实兴奋了好几天。

拍摄完《灵魂列车》的节目，BBC 摄制组又和华莉丝赶到纽约，拍摄她现在的工作场景，还拍摄了她和朋友们在公寓里一起做饭的生活场景。拍摄完这些镜头后，华莉丝和摄制组又飞回伦敦，和 BBC 摄制组的其他成员汇合，打算一起飞往非洲。

摄制组负责在非洲找华莉丝母亲的工作人员，这时还没有一点消息。根据经验，华莉丝告诉摄制组人员，自己家人最有可能会在哪些地方放牧，可是整整三个月，寻人方面还是一无所获。

原本的计划是华莉丝照常在纽约工作，等寻人的工作人员找到她母亲后，再去伦敦和摄制组汇合，一起去非洲。以前的华莉丝从没听到有谁和自己的名字一样，当摄制组开始寻人后，一下子冒出了很多华莉丝的母亲，摄制组和这些人核对了大概的数据后，排除了大部分的人，有的比较吻合，就打电话和华莉丝核实。

华莉丝对摄制组的人员说："非洲太穷，他们希望从你们这里捞一笔钱过上好日子，所以每个人都想冒充我母亲。"一天，华莉丝接到格里的电话，说工作人员好像找到了她母亲，华莉丝高兴得立刻就想飞回伦敦，可各方面核实后，那人被否定了。

摄制组人员和华莉丝商量计策，到底如何才能确定不被人冒充。最后摄制组人员想到了一个点子，问华莉丝有没有和母亲之间的秘密，这秘密是别人不知道的。

华莉丝说："我妈给我取过一个小名，小时候她常叫我'小嘴巴'，那些冒充我母亲的人，应该不会知道这个。"果然，当摄制组人员再次去寻找华莉丝的母亲时，那些想冒充的非洲女人，在其他问题上都能蒙混过关，却在这个小名上无一例外地败了下来。

一次，摄制组人员又给华莉丝打来电话，兴奋地告诉华莉丝："华莉丝，我相信我们找到你母亲了，虽然她说不出你的小名，但是她说她有个女儿在伦敦大使馆工作过。"

　　华莉丝听到这个消息，当即买了飞往伦敦的机票，从纽约赶了过来。到了伦敦，摄制组还要准备几天，华莉丝先在伦敦找了家旅馆住下来，等待和摄制组一起出发。

　　这时，一直关注着华莉丝动态的尼盖尔知道华莉丝回到了伦敦，他从切尔滕纳姆赶到伦敦，要求和华莉丝一起去非洲。华莉丝说："这不可能，如果你去了非洲，被我母亲看到，我怎么向她解释？"尼盖尔说："我是你的丈夫，我有权利确保你的安全，当你母亲知道我后，说不定会很高兴呢。"

　　尼盖尔只是华莉丝名义上的丈夫，却不是华莉丝要的爱人，因此他也不是她要带给母亲看的人。华莉丝一再向他解释，可是尼盖尔不仅不肯听，还到摄制组去捣乱，说："你们不让我跟我老婆去，你们能保证她的安全吗？如果出了事，你们能负责吗？"

　　搞得摄制组的人都不胜其烦，有一次格里对华莉丝说："你不要再让尼盖尔掺和到这事中来，对这人，我真受够了。"尼盖尔就是这样讨厌，像苍蝇一样在华莉丝住的旅馆间和摄制组间来回穿梭，不断地给大家制造麻烦。

　　当尼盖尔再次遭到华莉丝的严词拒绝后，尼盖尔知道，要华莉丝带他去非洲是不可能的，于是使出无赖手段，趁华莉丝不注意，偷偷拿走了她的护照。当大家知道了这事后，摄制组人员轮番上场，好话歹话说了一大堆，可都于事无补，尼盖尔拿着护照直接回了切尔滕纳姆。

再过几天就要去非洲了，想要见母亲一面，华莉丝盼望了好多年，可没有护照寸步难行。没有办法，华莉丝只得独自赶去切尔滕纳姆求尼盖尔。想到许多年前他主动提出帮她，华莉丝一直感恩在心，于是让尼盖尔在切尔滕纳姆买了一套房子，她帮着还房贷，又找到绿色和平组织的熟人，帮他在那里找了一份工作，可是上班才三个星期，尼盖尔就被辞退了。

华莉丝不是一个忘恩负义的人，可是面对耍赖的尼盖尔，她真是不知所措。有句话好像是这样说的——你是什么样的人就用什么样的方式对待，或许这是最好的办法。华莉丝知道即使自己磨破嘴皮子，都不可能从尼盖尔手中拿回护照，于是她换了一种方式，她对尼盖尔说："尼盖尔，我这次是去工作，你跟着不方便，请你相信我，等我完成这次拍摄后，我单独带你去非洲，见我家人，如何？"

尼盖尔看着华莉丝说道："你说的是真的吗？不会是骗我吧？"为了达到目的，华莉丝只能违背自己平时的做人原则，当着尼盖尔的面对天发誓。尼盖尔当然知道华莉丝是什么样的人，看着华莉丝认真的模样，他觉得还是可以相信的，于是把护照还给了华莉丝。

万事俱备，华莉丝和BBC摄制组终于乘着双引擎的丛林飞机飞往埃塞俄比亚的加拉迪。这里是边境线，索马里正进行着如火如荼的战争，边境小村里聚集着很多为了逃避战争过来的索马里难民。

地面上的红色沙漠里到处是石头，飞机着陆后又反弹起来，扬起很高的灰尘，估计几里外都能看见。寂静的村庄很少有新鲜事，看到这样大的响动，全村人都往这里跑过来，一下子把摄制组人员围在了中间。华莉丝看到熟悉的面容和熟悉的打扮，就像回到了家乡，她赶紧走过去和那些人聊天。

这些人中，有埃塞俄比亚人，也有索马里人，交流很困难，因为即使是索马里人，他们各自说着方言，华莉丝也一句都听不懂，转了一圈，试图找到一个可以沟通的，最后她还是放弃了，没有一个人的话能听懂。

没有能交流的人，但这滚热的空气和沙子的味道是华莉丝再熟悉不过的，这是她从小熟悉的场景，这是在梦里无数次出现过的场景。十五年了，她虽然没有再亲近沙漠，但记忆里的一切还是复苏了，她拨开人群，独自跑向大漠深处。摄制组人员在后面喊道："华莉丝，你去哪里？"华莉丝头也不回，甩出重重的话语："别管我，我会回来的。"

华莉丝跑到离开人群远远的地方，她一会儿跪下来摸摸沙土，一会儿站起来抱着树干亲吻。看着沙漠里一丛丛灰扑扑、干棱棱的灌木，她知道那是沙漠之花，因为干旱，它们在大漠中毫不起眼，可是只要雨季一来，它们会开出一片明黄。

在一棵树下，华莉丝靠着树干坐下来，看着熟悉的一切，眼眶湿润。那一年她横穿沙漠，一别就是十几年，这里才是她的世界，才是她心底深处的柔软。这些年在异乡的情景一幕幕地从她眼前掠过：在伦敦成为模特后，虽然也有一些小挫折，但总的来说还是顺风顺水的，她成为万千人中站在金字塔顶端的人，可这种成功并没有给她带来多少快乐，她只是用这样的方式生存。要在大都市生活下去，每个人都必须要有一项技能养活自己，她运气好，模特事业自动找上她。

而小时候，她日出而作，日落而归，赶着牧群，孤独地行走在大漠中，吃不饱是常事，更不要说要一双漂亮的鞋子，她的脚被荆棘和石头刺得布满伤疤。可是那样的日子里，有家人相伴，与自然一体，让她学会了坚强和乐观，那种快乐来自灵魂深处，每个人都简单地活着，快乐地活着。

她真不敢相信自己能离开这里这么久，被自己遗忘的那个她，又回来了。一个人待的时间足够久了，她才站起来，朝着村子走去。群体归属感很强的非洲人，看到她都围了上来，亲切地称呼她为"妹妹"，极力邀请她去他们家里。

这趟边境之行，对华莉丝来说，最重要的事是希望能见到多年未见的母亲，结果很遗憾，这个愿望暂时还是落空了。那位说有个叫华莉丝的女儿在大使馆工作过的妇女，并不是华莉丝的母亲，华莉丝的心情陡然暗了下来。

　　整个摄制组的人情绪也都很低落，如果找不到华莉丝的母亲，这个片子的结尾就不够完美，而他们的预算不可能让他们有再来一次的机会，再过几天，不管能不能见到华莉丝的母亲，他们都必须回去，因为飞机会在约定的时间来接他们，而他们不可能对飞行员说："对不起，华莉丝的母亲还没找到，请你先回去，再过几天来接我们。"

　　没有办法，只能用最后的努力尝试着，大家一起挨家挨户地问，有没有看到华莉丝的家人。就这样，她此行的目的很快传开了，大家都想帮助他们，村民们主动出门传播消息。

　　当天晚上，有一个老头找到了华莉丝，他问她："你认识我吗？"华莉丝看着眼前的老头，挖破脑袋地想，还是没能想起来。那老头说："我是伊斯梅尔，是你父亲的好朋友，小时候我和你父亲常常来往。"得到提醒，华莉丝一下子想起了此人。小时候确实见过他，可是这么多年，艰辛的沙漠生活使他老了很多，与记忆里的那个人相比完全变了模样。华莉丝为自己没能一眼认出故人而感到难为情。

　　伊斯梅尔说："我相信我能找到你的家人，不过我需要汽油钱，我的车就在那边。"华莉丝朝他手指的方向看去，这车在纽约的话只能在垃圾堆里才能看到。驾驶员一边完全没有挡风玻璃，乘客一边的挡风玻璃千疮百孔，整个车身就像被锤子狠狠地敲了一遍，四个轮子也是凹凸不平。

虽然认识，但华莉丝也不敢轻易相信，她怕他拿了油钱人就不见了，这种事在沙漠里多的是。她找到格里，和他说了这个人，格里问她："可以相信吗？"华莉丝说："不知道，但如果不试的话，就真的没有机会了。"

格里说："那就赌一次。"摄制组的人拿出钱给伊斯梅尔，伊斯梅尔钱一到手就赶紧上了车，连声招呼都不打，立刻就走了。大家面面相觑，脸上都露出"瞧，还是被骗了"的神情。华莉丝对他们说："我相信，三天后我母亲一定会出现。"大家都没把她的话当回事儿，各自散了。

虽然语言不通，但在这里华莉丝还是找到了家的感觉。她去村民家分享他们的食物，这些食物都是她小时候熟悉的，她一边吃一边回忆小时候一家人团聚的快乐时光。那些摄制组的人，吃不惯村民的食物，只能吃带来的豆子罐头，晚上没有电，就拿着电筒在帐篷里看书，想要睡觉时，却被蚊子扰得整夜睡不着，在这样的环境中，他们的心情自然低落，不断抱怨。

一个索马里人为了改善摄制组的伙食，给他们送来了一只小山羊，大家纷纷爱抚它，稍后，那索马里人把羊牵走，杀了羊，剥了皮再给他们送过来。华莉丝借来一只罐子，把小山羊和着大米煮起来，摄制组人员对华莉丝说："你以为我们会吃吗？"

华莉丝说："为什么不吃呢？"他们摇摇头走开了，他们都无法下口，对一只刚刚被抚摸过的小羊。华莉丝说："那你们刚刚为什么不说？"其中一个人说："盛情难却，不好意思推辞啊。"嘿，这些英国人，这下轮到华莉丝摇头了。

华莉丝预言的三天到了，但是她的母亲还是没有出现。摄制组有人和她打趣："华莉丝，你不是说你母亲三天后准会出现吗？怎么还没来？"华莉丝说："明天晚上六点钟会到。"大家哈哈笑起来，说："华莉丝，你是预言家吗？连天要下雨都知道。"

华莉丝说："前几天不是下过雨了吗？这是我们的本能，在一个地方生活，总会有一些本能反应。"一个人笑着说："那是你运气好，刚好被猜到。"

在大漠里生活，每个人都会有些特殊本能，比如什么时候下雨。就像华莉丝的父亲出门在外，不管他们家搬到哪里，是白天还是黑夜，父亲总能找到家；就像她母亲，独自进大漠生孩子时，他们刚好搬家，几天后，母亲手中抱着一个孩子找到了他们。

第二天傍晚，五点五十分，华莉丝正在一个村民家和一位老太太聊天，格里突然跑来找他，远远地嚷道："华莉丝，快回来。"华莉丝说："发生了什么事？"格里说："真不敢想象，那个老头真的带了一位妇女来，我相信那人肯定是你母亲。"

华莉丝听说伊斯梅尔回来了，站起来就跑，这消息马上传遍了整个小村子，大家都跟在华莉丝的后面，想看看这个女人是不是华莉丝的母亲。华莉丝跟在格里后面，正前方就是那辆可以报废的破车，有个妇女正从车上往下爬。

这时，天色已经开始暗下来，华莉丝看不清那人的脸庞，但是从她包头巾的方式以及身材来看，华莉丝确定她就是自己日思夜想的母亲。她奔向妇女，抓住她的手大叫："啊，妈妈，妈妈，真的是我妈妈。"华莉丝又蹦又跳。

母亲说："唉，我在这破车上坐了整整两天两夜，坐得我累死了，坐车真累，骨头都快散架了。"华莉丝对着人群喊："我找到妈妈了，我找到妈妈了。"

华莉丝很珍惜这次难得的相聚机会，她和格里说，接下来的一两天她要单独和家人在一起。格里很体谅她，同意了她的要求，和她母亲一起来的，还有他的弟弟阿里和一个表弟。伊斯梅尔找到她母亲时，表弟正在她家，他们就一起来了，父亲因出去找水，已经一个星期没有回家了。

母亲因为在破车上整整颠簸了两天两夜，整个人看上去极度疲劳。十五年不见，母亲老了很多，和记忆中华莉丝出走前的那个晚上，坐在篝火边的母亲，可以说是判若两人。

母亲对华莉丝说，父亲也老了很多，视力越来越差，需要配一副眼镜，但是他依然去放牧、去找水，和华莉丝在家时一样，没有一刻停歇。华莉丝知道，在贫瘠的沙漠里，没有一个人可以轻松地活着。

弟弟阿里也不再是小孩子了，姐弟俩在一起，都看了彼此大腿上的刀疤，想起那时为了抢饭吃，手足之间居然拔刀相见，自是唏嘘不已。时间转瞬即逝，这么多年过去了，阿里已经长得比华莉丝还高了。

华莉丝不时地拉起阿里的手，再摸摸他的头，还想拥抱他，阿里大叫："姐，我不是小孩子了，已经是大人了，你再不要用过去那套对付我。"华莉丝同样大叫："不管你长得多大多老，你永远是我的弟弟。"

华莉丝又不停地拉表弟的手，以前在家时，表弟来过她家，华莉丝照顾过他。华莉丝说："以前我照顾你时，你不听话，我就打你屁股，哈哈，过来，让姐再打打你的屁股。"表弟说："不要了，我们都到了该娶亲的年龄了，你怎么还把我们当孩子啊。"

在自己的家人面前，华莉丝无拘无束，整个人放松下来，就像回到小时候。那时的他们生活得从容平静，每天干着同样的事，没人急巴巴地看时间，催促着你干什么，大家的生活都是按着太阳的升落安排，不像都市里的人，每个人都仿佛有着干不完的事儿：走路急、吃饭急、工作急……不管是在富裕的伦敦，还是富裕的纽约，没有人不缺钱，没有人不缺时间，唯一缺少的是从容的心态。

晚上，母亲被接待他们的村民带回小屋里安睡，华莉丝和弟弟阿里，像以前一样躺在户外，仰望着天空，仿佛所有的时光都回来了。出走半生，归来仍是少年，大大的满足感，紧紧地包围着华莉丝。

村民们都很热情，极力邀请华莉丝他们去家里做客，拿出最好的食物款待他们，向华莉丝打听外面的世界。华莉丝说的世界都是他们陌生的，就像十三岁以前的华莉丝一样，她从来不知道除了骆驼和羊群外，世界还有那么大，人类还有那么多的生存方法。

一辈子在闭塞沙漠里生活的母亲，任华莉丝怎么解释，都搞不懂她靠什么为生，"模特"二字，对母亲来说就像天书。一个好心人穿过沙漠，找到了一张登有华莉丝整版照片的《星期日泰晤士报》，母亲看着报纸上的照片，一眼就看出了是自己的女儿。这个她懂，能登上报纸的人，都是不简单的人。

她要了这份报纸，随身带着，遇见人就拿出来，指着报纸上的照片对每个人说："这个是我女儿，是我女儿华莉丝。"

而闯荡过世界的华莉丝，与生活在沙漠中的阿里，很多观点发生了分歧。华莉丝对阿里说："你们把小树砍了做牲畜的护栏，沙漠没有树木，就会越来越干燥。"阿里和表弟不知道该不该相信华莉丝的话，他们认为沙漠干燥是因为不下雨，与有没有树无关。

任华莉丝怎么解释，他们始终抱着怀疑的态度。母亲突然提到了一个很现实的问题，问她："华莉丝，你这么大了，为什么还不结婚？"在沙漠里，大家都是十几岁就结婚，二十八岁还没结婚的姑娘，在沙漠里让人无法想象。

阿里也说："对啊，你这么老怎么还没结婚？"华莉丝说："结婚不是因为年龄到了就该结婚，没有遇见想要结婚的人，结婚没有意思，只有遇见了想要结婚的人，才能遇见幸福。"

他们听不懂华莉丝的话，结婚就是两个人在一起生活，然后生一大堆孩子，哪有那么多道理。但华莉丝知道，只有遇见了那个能让自己甘愿一头扎入婚姻里的人，自己才会走进婚姻，除了这个原因，她不会因为任何一个原因而结婚。

后来，摄制组开始给华莉丝和母亲拍片子，从没看到过摄像机的母亲，很不习惯这个东西对着她。华莉丝向母亲解释拍摄过程，但白费力气。母亲说："我讨厌这个东西对着我。"说着，还不时地追打摄影师，华莉丝一次又一次地安抚她，才勉强拍完母女在一起的镜头。

最后一天，是单独拍摄华莉丝，华莉丝独自走向大漠深处，她慢悠悠地，用非洲女人特有的起伏有致的步态，行走在沙漠中，诉说着沙漠女人的故事。当她看到一个男孩在井边给骆驼喂水时，华莉丝问那个男孩，能不能让她喂骆驼，征得了男孩的同意后，华莉丝舀满水，抱起水桶，举到骆驼嘴边给它喂水。做着这一切时，时间仿佛倒流了，她重又回到了十三岁以前的岁月。

那个晚上，村里的妇女摘了沙漠之花，把黄色的花汁涂在华莉丝的每一个指甲上，与都市里各色各样的美甲材料相比，就像手指上涂了团犀牛粪，不过华莉丝觉得美极了，在索马里，只有新娘才有这种待遇。大家举行了庆祝会，就像庆祝天降甘露一样，围在一起唱歌跳舞，记忆中的自由与快乐，一齐涌向华莉丝。

第二天，到了要回伦敦的日子，在飞机来接之前，华莉丝和母亲共进早餐。华莉丝问母亲："妈妈，你愿意跟我一起去伦敦或纽约生活吗？"母亲说："我这把老骨头，去那里能干什么？"华莉丝说："妈妈，什么都不要你干，我养你，让你享福。"母亲说："我的家在这里，我离不开这里，何况你父亲也需要我照顾，他也老了，不能没有我。还有几个孩子也需要我照顾呢。"

华莉丝说："我们都长大了，不需要你照顾了。"母亲说："你应该还记得你父亲娶了个小老婆，她后来生了五个孩子，可是沙漠生活太苦了，她后来跑了，那些孩子，离不开我。"华莉丝想说："母亲，你干吗这么苦？"可是，她看着母亲却说不出来，这就是她母亲——坚强乐观的母亲，不管遇见什么事，她都愿意独自承担。

分别的一刻到了，在家人的目送下，华莉丝坐上了飞机，随着飞机越升越高，家人、村庄、沙漠，越来越远，越来越远，华莉丝忍不住号啕大哭。

人生处处都是别离，生离死别，人之常情，没有人知道，哪次生离就会变成死别。

华莉丝不知道，什么时候才能再次见到母亲，再次见到家人。在摄像机面前，华莉丝也无法掩饰自己的感情，摄制组拍下了这真实的一幕。

梦里的那个地方

Chapter 6

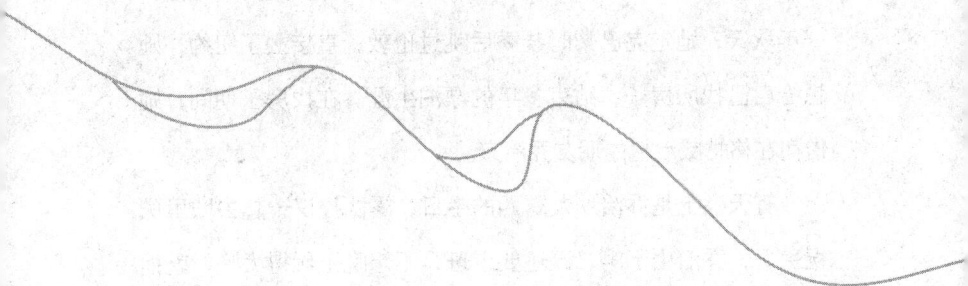

一见钟情

自从华莉丝独自留在伦敦后，一直过着居无定所的生活。一年秋天，她走完巴黎时装秀后跳过伦敦，直接去了纽约，她想给自己找所房子，结束多年的漂泊生涯。在找房子期间，她借宿在格林威治村的朋友乔治家。

有天晚上是乔治朋友露西的生日，露西提议一起去城里庆祝生日，乔治由于第二天还要上班，不想晚上玩得太晚，就拒绝了露西的要求，没事儿的华莉丝，主动提出陪露西去城里。

　　两人来到城里，随意地走在街上。当走到一条街上时，华莉丝指着一家爵士舞厅对露西说："我以前在这家舞厅旁边租住过一段时间,感觉这里的音乐挺不错的,可惜一次都没进去过，要不，我们进去看看？"

　　露西说："我想去 Nell's（爵士舞厅的名字）。"华莉丝说："行,你先陪我进去看看，等下我们就去 Nell's,就这样,可好？"露西虽然不太乐意，但还是陪华莉丝一起进了这家爵士舞厅。

　　她们顺着台阶走进舞厅，门的正对面就是乐队，舞厅里其他地方一片漆黑，灯光正好照在乐队的鼓手身上，华莉丝一眼就看到了那鼓手，他留着七十年代风格的大圆蓬发型，长相很帅气，华莉丝仿佛被施了魔法，眼睛一直停留在那鼓手的脸上，移都移不开。

　　露西看着这小小的俱乐部，觉得没意思，对华莉丝说："好了，走吧，我们去 Nell's。"华莉丝果断地说："不走了，就这里，我要跳舞。"这时舞台空空的，没人跳舞，此刻的华莉丝心中升起了一股激情，她想要发泄出来，于是走上舞台，随着音乐节拍，一个人开始疯狂地扭起身子。大家都被华莉丝感染了，原本坐着的人纷纷走上舞台，很快，舞台上热闹起来。

　　华莉丝一连跳了好几曲，跳得又累又渴，于是走到吧台要了杯饮料，站到一边，恰好身边有位妇女，于是华莉丝向她问道："我喜欢这里的音乐，这乐队真棒，不知道这是些什么人？"

妇女听华莉丝表扬乐队，指着吹萨克斯的乐手自豪地说："吹萨克斯的是我丈夫。"

华莉丝说："你丈夫真棒。那个鼓手呢，你认识吗？"妇女回答："不认识，这些人都是自由职业。"

一会儿，到了中场休息，鼓手从她们身旁走过，妇女拉住他的胳膊说："你好，我的朋友想认识你。"鼓手说："哦，请问是谁？"妇女一把拉过华莉丝，把她推到他面前，说："就是她。"

华莉丝没料到妇女会突然来这一招，感到略微窘迫，心里却有着一种窃喜，她伸出手说："你好，请问你叫什么名字？""你好，我叫达纳。"鼓手脸上露出羞怯，说完径直走了。

对于初次遇见的达纳，华莉丝有一种想要接近的渴望，仿佛记忆深处，两人曾经约定过某年某月某日在某处相见，而这一天，终于来到。华莉丝抛开女性的矜持，走到达纳身边，在他旁边的凳子上坐了下来，达纳侧头的瞬间，看到坐在自己身边的华莉丝，吓了一跳。华莉丝说："刚刚我还没把话说完，你就走了，这很不礼貌。"

达纳看着华莉丝，笑了起来，这一笑，两人之间的尴尬顿时消失，开始聊天了，虽然没有主题，但聊得很愉快。正聊得兴起，下半场音乐开始了，达纳很抱歉地看着华莉丝说："你要走了吗？"华莉丝说："我不走，我等你。"达纳说："好，只剩最后几首曲子了。"

等达纳完成最后几首曲子后，华莉丝说："这里烟味太重了，可以去外面聊吗？"达纳点点头，和华莉丝一起走出了俱乐部，他们在俱乐部前的台阶上坐了下来。秋天的晚上凉风徐徐，一轮月亮高悬在湛蓝的天空上，空气中弥漫着一种温情。

达纳说："我可以抱抱你吗？"月光下他的脸轮廓分明，两只眼睛就像天上的星星。在别的男人追求华莉丝时，她只想快快逃跑，可是面对达纳，她觉得这个拥抱已经等了太久。当达纳伸出双手拥抱她时，华莉丝也伸出了双手，紧紧地抱住了达纳，这个拥抱让她想起了小时候放牧回家，迫不及待地投入母亲怀抱的感觉。

那天晚上已经很迟了，再提议去别处显然不妥，华莉丝把乔治家的电话号码告诉达纳，对他说："我住在朋友家，明天下午三点给我打电话。"华莉丝不知道达纳对自己的感觉，更不确定他会不会给自己打电话。

与华莉丝道别后，住在哈莱姆的达纳赶地铁回家，当他走进地铁站时，看到了巨大的广告牌上有一张熟悉的脸，那人正在用含情脉脉的眼睛看着他，这一刻达纳才知道，刚刚和自己分手的人竟然是超级名模。

第二天下午三点，到了约定打电话的时间，华莉丝不断地看着钟表，三点五分……三点十分……三点十五分……守在电话机旁的华莉丝越来越焦急，同时她的心开始一点点下沉！是啊，自己期望什么？这是一个初次见面的人，谁说他一定会打电话来呢？

华莉丝对自己说："再等等，或许他就要打过来了。"她在电话机旁走来走去，三点二十分，电话铃突然响起，华莉丝冲到电话机旁，迅速拿起听筒，对着听筒对面的人说："现在已经三点二十分，你整整迟到了二十分钟。"

达纳在电话里邀请华莉丝一起共进晚餐，华莉丝说："好啊，去哪儿呢？"达纳说："我来你家附近。"没多久，达纳来到格林威治，华莉丝带他去了一家小咖啡店，两人一边喝咖啡一边聊天，就像认识多年的朋友，任何话题都能愉快地进行下去。

聊着聊着，华莉丝脱口而出："我会生下你的孩子。"话一出口，华莉丝呆住了，达纳也呆住了，四只眼睛看着彼此，空气有瞬间的凝固。说此话时，华莉丝觉得水到渠成，毫无违和感，就像遇见一个人说"今天天气很好"一样自然，可是当和达纳分开后，华莉丝才觉得自己疯掉了，居然和一个只见第二次面的男人说这样的话。

从达纳一动不动盯着她的眼神里，华莉丝读懂了一些内容，他肯定认为她是一个疯女人，谁敢接近一个疯子呢？华莉丝很懊恼当时的失态。那天分手后，达纳再没有和华莉丝联系，华莉丝开始魂不守舍，她等了整整七天，都没有等来他的电话。

　　华莉丝对自己说："见鬼，什么自尊不自尊，自己想要的东西就得去争取，如果连自己想要的东西都不敢努力争取，那一辈子得失去多少心爱的东西。"

　　于是华莉丝拿起电话，主动拨出了达纳的电话号码。她怎么也没想到，一直对男人保持距离的自己，居然会主动追求一个男人，也许这就是爱情，爱情来时，让人无处可逃。

　　电话接通的一瞬间，华莉丝就问："想不想见面？"达纳毫不犹豫地说："好，我过来。"华莉丝的嘴巴再一次不受脑子控制，说："我爱你！"达纳也给予了回应："我也爱你。"还有什么好说的，在对的时间遇见对的人，是一种幸福，有谁会拒绝幸福的来临呢？

　　两个星期后，华莉丝住进了达纳位于哈莱姆的家，半年后，他们决定结婚。达纳告诉华莉丝，与华莉丝第一次遇见时，她穿的是绿色套头衫，顶着大圆蓬发，那天晚上，不管他把目光移向哪里，始终是她的绿色套头衫和大圆蓬发。在不见的一个星期，他眼前晃动的还是她的绿色套头衫和大圆蓬发。

　　爱情，真是奇妙的东西，没有人能解释得清楚。遇见了，相爱了，在一起，是多么美妙的故事啊。

　　华莉丝和达纳在一起时，尼盖尔还是华莉丝法律上的丈夫。差不多一年后，华莉丝感到恶心无力，达纳想到可能是怀孕了，便去药房买了一盒试孕剂回来，当第一根试孕剂显示阳性时，华莉丝还不相信是怀孕了，于是接着再试，还是显示阳性。

　　华莉丝是初孕，没人告诉过她怀孕会有什么反应，她怀疑自己得了什么重病，惴惴不安地去医院做血检，血检要三天后才能知道结果，在等待的那三天里，华莉丝就像在等待死神宣判，心神不宁，心烦意乱。

　　三天后，她接到医生的电话，医生说："你现在已经不是一个人了。"这一刻，华莉丝情绪低落到了极点，她想："对啊，我得了绝症，马上变鬼了。"医生继续说："你现在有两个人，你肚子里有了小宝宝。"

　　"啊？真的有了小宝宝？"华莉丝不敢相信自己的耳朵。医生说："对，是真的，恭喜你，孩子已经两个月了。"华莉丝放下电话，赶紧把这消息告诉达纳，达纳早就希望有个孩子了，听到这个消息时，抱起华莉丝想要大转圈，华莉丝赶紧让他放手。

　　华莉丝和达纳对于肚子里孩子的性别，一致认定是男孩，不过华莉丝最重视的还是孩子的健康，去产科医生那儿做超声波检查时，华莉丝对产科医生说："你不用告诉我孩子的性别，只要告诉我是否健康就好。"产检结束，医生对华莉丝说："孩子一点儿毛病都没有，很健康，你放心吧。"

　　华莉丝已经怀孕，尼盖尔的问题就不得不解决，她决定和达纳去一趟切尔滕纳姆，和尼盖尔解除婚姻。她知道，依尼盖尔的性格，这趟行程不会很顺利，可是有些问题必须解决。华莉丝和达纳先到伦敦，住在朋友家里，她给尼盖尔打电话，在电话里告诉他，她已经结婚，并且已经怀孕，她会和丈夫一起去找他。

尼盖尔一听华莉丝带着一个男人一起去，在电话里大声说："我不想见他，如果你一个人来，我就见你，如果你带他来，我不见。"华莉丝说："他是我丈夫，是我要嫁的人，他会陪着我一起来。"尼盖尔又说："不行，这几天我感冒，不想见人。"刚好这几天华莉丝也孕吐厉害，她就提出一星期后再去。

一星期后，华莉丝和达纳一起来到切尔滕纳姆。当他们走出火车站时，看到憔悴的尼盖尔靠在一棵树上吸烟。当他看到华莉丝和一个男人一起出现在他面前时，他情绪失控，说："说好只见你一个人，你带了人来我就不见。"说完，开了车子便走。

看着越来越远的车子，华莉丝气得直跺脚，想起很多年前，为了护照，他一定要帮她，当时华莉丝还有顾忌，他说那是安拉的意志。当然，那时华莉丝考虑到还有好朋友茱莉在，再怎么样茱莉都会出面帮她，可是后来茱莉进了精神病院，华莉丝几次去看她，她都在大喊大叫，已经谁都不认识，华莉丝想她家大概有精神病遗传史，尼盖尔做事也常常歇斯底里。

没办法，他们只能在火车站旁边找了家旅馆住下来，旅馆条件很差，可是已经没有精力再计较。第二天，他们想住得更舒服点，就换了一家好一点的旅馆。

在旅馆里，华莉丝再次给尼盖尔打电话，尼盖尔还是坚持只见她一人。达纳不放心让华莉丝一个人去，华莉丝对达纳说："我就一个人去试试吧，他总不至于把我杀了，把这事儿解决了，我们才能无后顾之忧。"

达纳说："我实在不放心你一个人去，如果他一定不肯，我们可以放弃，如果你坚持要一个人去，我就在这里等你，我尊重你。不过如果他胆敢动你一根毫毛，我饶不了他。"

两人商量好，华莉丝又打电话给尼盖尔，尼盖尔来旅馆门口接华莉丝，把她接到他租住的小房子里。华莉丝说："尼盖尔，你别闹了，我要结婚了，我都怀了他的孩子，我们必须把婚离了。"

尼盖尔说："如果要离婚，就把钱还我。"华莉丝说："我什么时候欠你钱了，我用过你一分钱吗？"尼盖尔说："我把钱都买东西给你吃了。"

华莉丝知道和他说不通了，如果能用钱解决倒也是好事，于是问他："那要多少钱？"尼盖尔说："四万英镑。"华莉丝失声大叫："这么多，我哪来的钱？"

尼盖尔说："我不管，如果要离婚，就必须拿这么多钱，如果不离婚，你肚子里的孩子永远是私生子。"华莉丝看着尼盖尔，汗毛倒竖，尼盖尔看着她，冷漠地说："失去你，我就一无所有了。我想杀了你，再自杀。"

华莉丝知道，自己必须走了，再聊也不会有结果，于是说道："达纳会来接我，请你冷静。"说着，拿起包，打算出门。可没想到，尼盖尔在后面推了她一下，华莉丝失去重心，重重地倒在地上，她赶紧用手捂着肚子，这时的她才感到一个人来的危险。

看到摔倒在地的华莉丝，尼盖尔又一脸焦急，赶紧把她扶起来，连连问她："怎么了，怎么了，你没事吧？"华莉丝厌恶地推开他，走了出去。

尼盖尔说："我送你回去吧。"华莉丝犹豫几秒钟后，还是坐上了他的车。一路上，她没有说话，在快要到旅馆时，尼盖尔说："难道你就没话要和我说吗？"华莉丝还是一声不吭，尼盖尔继续说："我为你做了那么多，你却这么绝情。"

终于到了旅馆门口，还没等华莉丝伸手开门，尼盖尔的手已经越过华莉丝的身子，打开车门，一把把华莉丝推了出去，华莉丝摔倒在地，一只脚还挂在车上。

华莉丝哭着进入旅馆，达纳看到哭成泪人的华莉丝，问道："他把你怎么了，你说？"华莉丝说："他就那样，就这样吧。"华莉丝不敢说出来，怕达纳真的会杀了他，不然尼盖尔死了，达纳得去坐牢，她就得独自抚养孩子，小不忍则乱大谋，她把一切都咽了下去。

这趟切尔滕纳姆之行，正如华莉丝所预想的那样，没有得到任何结果，他们不得不订了下一趟的飞机票，回到纽约。

在离预产期还有二十多天时，华莉丝独自乘坐飞机前往内布拉斯加的奥马哈，达纳的家人在那里，这样做便于孩子生下来后有人照顾。其实怀孕六个月以上的孕妇，理应不能坐飞机，身材高大的华莉丝，穿上宽松的套头衫，安全地溜上了飞机。

当时达纳在几个俱乐部还有演出任务，计划一周后回家。到达奥马哈几天后的一个晚上，华莉丝的肚子痛了起来，她以为是白天吃坏了肚子，没有在意，第二天，痛得更加厉害。

实在承受不住疼痛的华莉丝给正在上班的婆婆打了电话，婆婆接到电话，立即赶了回来，有过生育经验的她看到华莉丝已经开始宫缩，于是说："华莉丝，你开始宫缩了，马上要生了。"

想到马上要生孩子了，华莉丝很开心，赶紧给在纽约的达纳打电话。达纳在电话里说："你要稳住，等我回来再生，一定要等我回来哈。"华莉丝真想开口大骂，稳住孩子，孩子要出来，是能稳住的吗？不过华莉丝真心希望达纳能早点回来，生孩子时爱人在身边，多少会给自己增添力量。

希望能等到达纳回来再生孩子，华莉丝躺在床上一动不动，这样孩子会来得慢一点。当达纳的父亲在第二天晚上把达纳从机场接回来时，华莉丝已经阵痛了三天。车刚停在门口，还没等他们进家门，华莉丝就说："快上车，快上车，现在就去医院。"

夜里十点到的医院，可到第二天上午十点孩子还没出来，华莉丝痛得不停呻吟，她想到在沙漠里看到母猴生小猴子时，在树上跳来跳去，或者倒挂在树上，不会躺在床上一动不动。于是叫喊着："把我头朝下，像猴子一样倒挂起来。"

那天以后，达纳就总是取笑华莉丝，学着她的声音叫："快把我像猴子一样头朝下倒挂起来。"还把"猴子"当成了她的名字。

痛了整整三天后，中午时分，孩子终于生了出来，这得感谢伦敦的那个医生给她做的手术，不然怎么生得出孩子呢？

十月怀胎，一朝分娩。身长五十厘米的小家伙，有着黑头发，长长的手指，长长的脚趾。小宝宝一出生，就发出"啊啊"的声音，这声音是世界上最美妙的声音，那黑溜溜的眼睛，好奇地打量着世间，他刚刚从黑暗中来，面对光明，一切都很新奇。

在索马里民族文化中，当一个女人把另一个生命带到人间，就赢得了荣誉勋章。"头一回抱住儿子那一刻我才懂得，所有母亲告诉我的那句老话千真万确——抱住宝宝那一刻，疼痛就全跑到九霄云外了。那一刻，没有痛，只有喜。"

华莉丝给孩子取名为埃利克，索马里语的意思是"雄狮"，虽然他现在还小，但希望他长大后能像雄狮一样勇猛强大。有了孩子的华莉丝生活变了样，孩子带给她的喜悦，冲淡了生活中的不满和郁闷。快乐，原来那么简单——只是孩子甜甜的笑容，只是孩子明亮的眼睛。

肩负使命，勇往直前

　　中国有句谚语："养儿方知父母恩，低头揽儿知恩重。"当华莉丝自己成为母亲后，对母亲更多了份敬重。自己十三岁时，为了逃避父亲选择的婚姻，在那个漆黑的凌晨离开了母亲，那时大姐阿曼早几年也离开了家，家里没有一个比较大的女儿能帮助母亲。

　　接连两个大孩子离家出走，作为女人，母亲除了要照顾牧群，还要负责家人的穿着、饮食、照顾孩子、编篮子这些事儿，父亲会分担些放牧的事儿，但其他事他不会帮着做。当华莉丝说要离开家时，母亲明知道生活会更艰难，可是她还是支持华莉丝去追逐幸福。华莉丝当初不能体味母亲的心情，有了孩子后，她更能想象母亲当时的痛苦，每个孩子都是父母的心头肉，等女儿走出茫茫沙漠，再见已是遥遥无期。

她的母亲，总是关心着所有人，宁愿独自承担那份苦，在孩子追逐幸福的路上，她绝不做绊脚石。当华莉丝来到摩加迪沙后，大姐阿曼和萨如姨妈都为在沙漠中的母亲担心，华莉丝却死都不肯再回去。后来的一个个晚上，华莉丝总会想起那个离别的凌晨，母亲承受着多少伤痛和难受，看着含辛茹苦养大的女儿远走他乡，从此音讯全无。

记得在伦敦玛瑞姆姨妈家时，一天，华莉丝在楼上打扫卫生，玛瑞姆姨妈在楼下喊她："华莉丝，你先下来，我有事和你说。"华莉丝说："我正打扫卫生呢，能不能等我把楼上搞好？"姨妈说："家里来了电话，说起了你那个白头发的弟弟。"自从离家出走后，华莉丝再也没有听到过家里的消息，现在听说有家里的消息，她赶紧下了楼。

华莉丝说："姨妈，那是'老头'，'老头'怎么了？"姨妈说："对，就是那个'老头'，他死了，还有你大姐阿曼。""啊？'老头'死了？大姐阿曼呢？""抱歉，她也死了。"

华莉丝手中的抹布掉到了地上，她跌坐到沙发上，"老头"

和阿曼都死了？为什么？怎么死的？"老头"是家里最聪明的人，阿曼是家里最强壮的人，怎么能说死就死了？

华莉丝盯着姨妈，真希望姨妈能说："哦，亲爱的华莉丝，我是和你开玩笑呢。"看着姨妈一脸严肃，她知道这不是玩笑，没人会开这种玩笑，这种玩笑一点儿都不好笑。她不想再问，也不想再说话，整个人失去了知觉，挺着僵硬的身子，像僵尸一样毫无表情地走上楼梯，朝阁楼走去，爬上床，躺在床上一动不动盯着屋顶。

往事一幕又一幕，"老头"是家里最聪明的孩子，小小年纪就白了头发，他不像一般的孩子，他像一位睿智的老人，知道很多事情，周围邻居有事儿都会来问他，大家都很敬重他，连一向粗暴的父亲，动不动就对其他孩子动手的父亲，也从没动过"老头"一个手指。

记得有一次，出门两个多月的父亲，带回了一个十七八岁的小老婆，那小老婆很嚣张，不但对华莉丝兄妹几个指手画脚，对母亲也是吆三喝四。在他们部落里，孩子没有发言权，作为孩子的华莉丝，看着嚣张的小老婆只能敢怒不敢言。一天，他们兄弟姐妹几人正坐在棚屋前的大树下，"老头"突然哭着从棚屋里走出来，华莉丝走过去问："怎么了，你为什么哭？"

"老头"用手指着棚屋说："她打我，打得好痛。"不用说，"她"指的就是父亲的小老婆。于是，华莉丝走进棚屋，问她："你为什么打我弟弟？"小老婆说："他喝我的牛奶。"华莉丝说："我把牛奶放在棚子里，他口渴了当然要喝。"小老婆一推华莉丝说："我不想和你说话，你给我滚出去。"

华莉丝知道再说也没有意思，她从棚屋里走出去，看到弟弟妹妹们正盯着她，她走过去说："是时候了，我们该教训教训她。"弟弟妹妹们说："怎么教训？"华莉丝说："等明天，看我的。"

第二天，华莉丝的父亲刚好有事出去了，华莉丝拿了一根平时搬家用的粗绳子，和弟弟妹妹们逼着小老婆走进沙漠中，来到了一棵大树下。小老婆说："你要干什么，华莉丝？"华莉丝说："你马上就知道了。"她和弟弟妹妹们先脱光了她的衣服，再把绳子的一头拴在她的脚上，另一头甩过树丫，把她倒挂了起来，小老婆气得在树上"哇哇"大叫。华莉丝说："看你还敢再得意。"

父亲隔了一天才回来，当他回家后看到小老婆不在时，就问孩子们："你们看到我的小老婆了吗？"大家摇摇头。直到太阳西下，那个小老婆还是没回来，父亲知道出事了，他再问自己的孩子："你们真的不知道她在哪儿？"大家还是都摇摇头。

于是，父亲独自起身去找小老婆，直到第二天傍晚，才带着她回家。到这时，小老婆已经光溜溜地在树上被挂了整整两天两夜。父亲板着脸说："是谁干的？"小老婆指着华莉丝说：

"是华莉丝带的头。"

父亲扬起手，朝着华莉丝的头上打了过来，孩子们都围了上去，对着父亲又撕又扯，虽然这样对父亲很不尊敬，但是大家心里实在太气。自从那次后，小老婆老实了，对华莉丝的母亲尊敬了，对华莉丝他们也变得和气了，一家人又过上了和和睦睦的生活。

华莉丝又想到了在姐姐阿曼家度过的那段日子。姐姐虽然常常唠叨她，却并没有恶意，也是因为爱母亲，担心母亲太过劳累，华莉丝当时赌气不辞而别，没想到竟然成了永别。

躺在床上的华莉丝，想起这一切，泪流满面。想到此刻的母亲，真不知悲伤到何种程度，而自己却困在伦敦，在母亲最痛苦的时候，也不能陪在她的身边，给不了她一丁点的安慰。

华莉丝又想到在姨妈家做女仆时，感觉没有一点前途，悲观绝望如潮水般涌来，淹没了她对生的希望。于是她下楼去厨房拿了一把刀，想到这样毫无意义地活着没有意思，找不到生命存在的意义，她想结束自己的生命，这样就不用再面对悲观的未来。当她把刀口对准了手腕时，想到了苦难的母亲，一共有过十二个孩子的母亲，到现在只有六个孩子活了下来，华莉丝亲眼看到妹妹死亡时母亲悲痛欲绝的表情,现在阿曼和"老头"又一起走了，母亲又会经历怎样天崩地裂的痛苦呢？如果再听到自己死亡的消息，那她还有什么勇气再活下去呢？

想到这儿，华莉丝放弃了自杀的念头，她觉得她要活着，要好好地活着，她要挣很多钱，要在索马里买一套房子，这样母亲就再也不用无休止地搬迁。

几天后，玛瑞姆姨妈叫华莉丝接电话，从没接过电话的华莉丝，颤抖着手拿起听筒，这时，电话那头传来天籁般的声音——那是母亲的声音，时隔几年，她终于听到了母亲的声音。

华莉丝轻声问："妈妈，你还好吗？"母亲说："我不好，一点儿都不好。"母亲在电话里告诉华莉丝，"老头"和阿曼死后，她心碎发狂，独自跑进沙漠过了一段日子，在那段孤独的日子里，她也不知道自己是怎么挨过来的。后来她穿过沙漠，来到摩加迪沙找到了娘家人，现在住在萨如姨妈家，电话是从姨妈家打来的。

母亲给华莉丝讲了事情的经过：在沙漠里，要么生，要么死，缺医少药的情况下，生病了只能听天由命，可是天赋异禀的"老头"生病后，母亲很着急，在走投无路的情况下，她想方设法给在摩加迪沙的阿曼带信，阿曼是最坚强和勇敢的，她总能想到办法。接到母亲的电话后，阿曼横穿沙漠找到了母亲，带着弟弟到摩加迪沙去看病，这时的阿曼已经有了八个月的身孕，她抱着弟弟横穿沙漠，在去医院的路上，"老头"死在了她的怀里，劳累加上伤痛，几天后阿曼也死了。

听到两个孩子的噩耗，母亲接近崩溃，母亲是家里的主心骨，主心骨垮了，其他人的情况可想而知。华莉丝很难过，在家人最困难的情况下，她无法陪伴在他们身边，一起度过那些凄惨的日子。她也暗暗庆幸，幸亏自己没有做傻事，不然对母亲来说，这是何等残酷啊？

同样是作为女性，可索马里妇女肩上的担子比其他地方的妇女担负的要沉重很多，责任和苦难也要多几倍。华莉丝想到自己在五岁时惨遭割礼，过早经历了痛不欲生的苦难，怀孕十个月后，整整痛了三天才生下孩子，那时她以为自己会横死产房。想到种种，现在在西方生活的华莉丝，感觉命运对她很仁慈。

想到割礼后，下身被紧紧缝住，每次小便都要十多分钟，每次来月经差不多要半个月，更是痛得厉害。在麦当劳打工时，虽然痛经厉害，但是她不敢请假，她知道，没有哪个单位会录用一个月要请半个月假的员工，痛得大汗淋漓、脸色惨白，她都只能咬牙忍住。

还好，一切苦难都已过去，现在有了爱她的达纳，有了可爱的埃利克，名利双收的她又收获了家庭的幸福。原本人生对她来说再无遗憾，可是当她想到那么多的非洲女孩还将经受她所承受的痛苦时，笑容总是不知不觉凝固在唇边。

俄罗斯作曲家、钢琴家、音乐活动家谢德林说："世界上有不少痛苦，然而最大的痛苦是：想从黑暗奔向激动人心灵而又不可理解的光明时，那些无力的挣扎所带来的痛苦。"她知道，那些可怜的非洲女孩，没人为她们呼喊，她们还要承受恶习带给她们的痛苦。

从沙漠逃往摩加迪沙时，华莉丝差点葬身狮口，狮子却没有吃掉她，她觉得上天对她另有安排，因此要她活下去，她不知道冥冥中上天给她安排了什么。

1997 年，在她模特事业如日中天时，1937 年创刊于法国的世界著名高档女性期刊之一 *Marie Claire* 杂志想要采访她，采访她的记者是劳拉·齐夫。在见到劳拉·齐夫的第一眼，华莉丝便喜欢上了她，觉得她是个可以信赖的人，于是她对劳拉说："从牧羊女到女模特的故事，已经被很多人写过，如果你能保证发表，我给你讲个真实的故事吧。"

劳拉·齐夫说："发表不发表，决定权在老板那里，但我尽力而为。"劳拉打开录音机，华莉丝开始讲述自己五岁时被割礼的经过，那种深入骨髓的伤痛即使事过很多年，也依然让她不寒而栗。

讲到一半，身经百战的记者就忍不住哭了起来，一边哭一边说："太残忍了，我怎么也没有想到，世界上还发生着这样恐怖的事，这样恐怖的事居然发生在你身上。"

非洲是个私密性很强的地区，女性割礼被当作一种悠久的历史传统，很多非洲本土女性主义者，在推动诸多女性发展的问题上，也没有把废除割礼放在首位。这是个人隐私，平时这种话题华莉丝根本说不出口，连身边亲密的朋友都不知道，现在却要公之于众。

　　说完后的她并没有一吐为快的轻松，而是有了更多的忧虑。作为国际名模，她被很多人仰慕，走在街上有大把的人认识她，当大家知道她的隐私后，会不会用奇怪的眼光看她？会不会觉得她是一个残疾人？会不会惹来别人的非议？

　　一系列的不安在心头，可当她想到自己割礼时所受的苦，想到很多非洲女孩还在遭受着这样的苦，她想："如果把隐私公布于众就是丢面子，那就把面子放一边吧，面子好比是衣服，没有衣服，我一样能到处走。"

　　这本致力于展示女性美丽外表、深入女人内心的 *Marie Claire* 杂志刊登了劳拉的采访稿。劳拉的文章写得很棒，一经发表就引起了轩然大波。这是第一次有人将这样一个严肃的话题搬到明处来说，很多读者看了这篇报道后，纷纷给 *Marie Claire* 杂志和一些为妇女争取权益的机构写信，他们无法接受这种陋习的存在，大声呼吁废除这种野蛮行为。

　　一位化妆师在飞机上看到了这篇报道，于是把杂志递给一旁的老板看，她的老板是美国著名的新闻主持人芭芭拉·沃尔特斯，芭芭拉认为这个问题必须得到重视，决定在新闻杂志节目《20/20》中采用这个故事。

　　联合国人员看到《20/20》节目中的故事后，与华莉丝取得了联系。联合国早已颁布了禁止女性割礼的法律，尽管他们为反对女性器官切割奔走呼吁，可是这一野蛮习俗仍在非洲大面积存在。数据显示，全球竟有大约一亿三千万名妇女接受割礼，而且每年以二百万人次增长，直到今天，世界上每天仍有六千名女孩面临割礼，承受着这种算得上是对女性最大暴力的痛苦。

在生活条件极差的非洲，给这些女童行割礼时，不消毒、不麻醉，他们采用简陋的工具，像刀片、剪刀、利石、玻璃等，甚至还有用牙齿咬的。每个女人都经受着割礼的痛苦，还经受着割礼后带来的各种疾病。有幸在割礼中活下来的，在生孩子时，她们常常独自在大漠深处临产，很多人胎死腹中或一尸两命。运气好的，在秃鹫和野狗吞食前被家人就地埋葬，运气不好的，尸骨无存。

这种习俗，并不是说只发生在非洲，一些非洲人移民到欧洲国家后，把这习俗也一起带了过来，很多移民家长会一起商量，凑钱去非洲请吉卜赛妇女前来割礼，给几个女孩一起行礼。有一位父亲，竟然亲自操起一把切牛排的刀切割女儿的外生殖器，为了遮盖女儿的惨叫，把音响开得震天响。

法律也无法彻底阻挡根深蒂固的父权制传统。为了让更多的人免除遭受割礼之苦，联合国人口基金邀请华莉丝参与他们的反女性割礼运动，联合国秘书长科菲·阿塔·安南，亲授她为联合国"反对割礼"特别大使，华莉丝成为联合国历史上第一位反割礼大使。

华莉丝知道，她的伤害已经造成，再没有办法弥补，为了不再让更多的人经受这种痛苦，她欣然地接受了联合国的邀请，推掉了一切工作，结束了光鲜亮丽的 T 台时装走秀，全身心地投入到反割礼行动中。

华莉丝明知要去推翻这种千年陋习，前途艰辛，却仍然勇往直前，她感谢神赐予她力量，让她有勇气为世界更美好做一分贡献。

渴望和平，用简单的方式享受生命

　　世界上最不发达的国家索马里，因为战争不断，再加上自然灾害等因素，到 2012 年索马里的难民数量已有 110 万，并且还在不断增加。由于难民们的生活没有着落、粮食价格飙升以及过度的通货膨胀，加剧了国内危机，国内频频发生暴力活动。难民们的生活得不到保障，暴力活动增加，许多人把暴力活动延伸到了海上，这就形成了索马里海盗。

　　对索马里这个国家，许多人可能了解得并不多，但听到索马里海盗，可能会联想到电影或文学作品中的恐怖镜头，索马里已经成了"恐怖"的代名词。而对华莉丝来说，不管索马里有多暴乱和贫穷，都是不一样的存在，有着不一样的意义，因为那里是她的祖国，是她出生和成长的地方。

面对成千上万的难民，联合国人员及援助机构努力给他们送生活必需品，因为暴力的猖獗，物资无法合理分配，还会遭到抢劫。恐怖分子多次袭击联合国人员及援助机构的工作人员，迫使援助机构不得不撤离索马里。

在这样的情况下，华莉丝义无反顾地成为"反割礼大使"，困难可想而知。她反对割礼，并不是不爱自己的民族文化，骨子里她一直觉得自己是个牧羊女，虽然已在西方生活多年，但是她依然热爱自己的祖国，为自己是索马里人感到骄傲。

在西方，食物丰富得让人瞠目结舌，没有人知道食物的可贵，反而有很多人想着减肥不吃东西，每当这时，华莉丝总想对他们说："如果要减肥，那就去非洲啊，当你去了那里，看到了那里人的生活，不要说减肥，连思想都会改变，会得到从来没有得到的。"

因为拥有，所以不懂珍惜。在沙漠里，华莉丝一家人为了找水，常常要出去几天，而在西方国家，想要用水，水龙头一开，水就"哗哗"自来。很多人厨房开着水，人却去别的地方，没人在乎水被白白浪费，对此，华莉丝感到由衷地心痛。

在以拥有骆驼数量来衡量家庭贫富的索马里，华莉丝家有着不少的骆驼和牧群，在索马里可以算是富人，但是一家人依然在生死线上挣扎，生活就是生存。而生活在富裕国家里的居民，他们的生活多姿多彩，所有的人都在找生活的乐趣，无须担心如何活下去的他们，人生的目的是如何能过得更好。

在熙熙攘攘的繁华之都，华莉丝常常想起小时候和家人在一起的时光。吃饱喝足的晚上，一家人坐在篝火旁，听母亲唱歌，看星星和月亮，兄弟姐妹间打打闹闹，困了就倒地而睡，没人为明天担忧。

从小他们就学会了摸爬滚打，跟着疣猪寻找植物块茎，在沙漠里追赶长颈鹿、斑马、狐狸等没有威胁的动物。沙漠里很少有森林，当搬迁到靠近森林的地方，他们特别期望能见到大象，当大象群出现时，他们快速爬上树，在树上看大象们昂首阔步的模样。如果象群里有小象，象群会把小象围在中间，不让任何动物靠近它，绝对保证它的安全。

在很早的记忆里，华莉丝还记得，她有一头十分钟爱的小羊羔，她给它取名为比利，那时的比利和华莉丝一样，还是刚刚学会蹒跚走路的宝宝。华莉丝很细心地照料它，给它梳毛，像母亲抚摸她一样抚摸比利，还和它说话。华莉丝总会想办法找一些嫩绿的植物给它吃，别的羊都很瘦，比利却长得特别壮。母亲看到长得壮实的比利，总是疑惑不解，不知道为什么它比别的羊要强壮。

有一天傍晚华莉丝放牧回家，由于时间估计错误，回家时天已完全黑了。她赶着羊群往家走，路上总有肉食动物守在一旁，最令人头痛的是鬣狗，几只鬣狗跟在羊群外围，华莉丝赶走这只，那只又靠上来，一只接着一只，不抢到食物不罢休。

好不容易回到家，把羊群赶进牧圈时，华莉丝照例清点回栏的羊羔，数来数去，都是少了一只，最后发现是比利不见了。华莉丝跑到火堆旁，母亲正在给大家准备晚餐，她抱住母亲的大腿哭了起来。母亲问她："怎么了，华莉丝？"华莉丝哭着说："妈妈，我的比利不见了。"母亲伸出手抚摸着华莉丝的头说："孩子，别难过。"

连死人都很正常的沙漠，一只牲畜的死亡，更是司空见惯，没有人会把这当回事儿，只有华莉丝为此难过了几天。

在交通发达的西方，什么交通工具都有，火车、汽车、飞机，想坐什么就坐什么，从一个国家到另一个国家，也往往只要几个小时。而在索马里沙漠，他们的交通工具除了双腿就是骆驼，骆驼是最宝贵的动物，在没有文字时，索马里的口述传说中，最多的故事也是关于骆驼的。记得母亲还给她唱过一首关于骆驼的歌，成年后的华莉丝到现在还记得，歌的大意是：

我的骆驼被那个坏人夺走了

他把我的骆驼偷走了

会把它杀掉

所以我乞求

所以我祈祷

请把我的骆驼还给我

……

那些美丽的时光，一直都珍藏在华莉丝的记忆中：他们会在骆驼的脖子上挂上木铃铛，每当日落时分，他们赶着牧群回家，到了挤奶时，骆驼摇晃着身子，木铃铛发出低沉的碰撞声，这是游牧人的天籁之音。外出的牧人，靠着耳朵捕捉动物的声音或家人的欢笑声，找到回家的路，驼铃声就像大海中的灯塔，指引着家人回归的路。

在纽约，常常是左邻右舍都不熟悉，彼此见面要么偶尔点头问好，要么漠视着走过。可是在沙漠里，只要一家有食物，不管是枣子或者块茎，抑或是宰了牲口后谁家割了肉，大家都会共同享受。在沙漠里，一起放牧的往往只有两三户人家，基本与世隔绝，但是大家都有群体归属感。

从小在野外生长的华莉丝，是真切地生活在自然中。她在沙漠里奔跑，躺在户外看星星，倾听动物的呼吸，聆听鸟儿的鸣叫，当天降甘露时，她与大家在一起唱歌跳舞，感谢大自然的馈赠。

当华莉丝的思乡之情太过深重时，她会去商店里买一些乳香，这种乳香的味道虽然不及她记忆中的味道，却能让她回想起儿时。乳香是珍贵的货品，主要产于索马里和埃塞俄比亚。小时候的华莉丝也曾采集乳香赚钱。不到两米高的乳香树，发散的枝叶像一把伞，华莉丝用斧头轻轻地割开树皮，从口子里流出了白色的液体，一天之后，液体凝固成胶状，采下的胶块就让父亲带去城里换钱。

在沙漠里，能换钱的东西不多，采集的乳香自己基本上也舍不得用，偶尔会在篝火上燃点，浓郁的香气在四周扩散开来，这样的夜晚，梦里都是香喷喷的。

在非洲生活，生命和自然是分不开的，生活在沙漠里的人，主宰他们命运的是自然，没有人能得到特别的保护和恩赐。大家一无所有，每个人想要的只是努力活下去，拥有过再失去是痛苦的，没有拥有过也就无所谓失去，他们快乐着自己的快乐。

最令华莉丝难受的是，索马里没有和平，那里连年战争，房子不是被炸弹炸为废墟，就是被射击得千疮百孔。社会、教育体系崩溃多年，温饱问题都得不到解决的难民中有很多人铤而走险选择以海盗为业，该国每年勒索过往船只的金额，难以估计。

　　战争是霸权主义者的争夺，可是在索马里的战火中，很多无辜的平民死于非命。华莉丝有个叫沃尔德阿布的舅舅也在战争中丧生，那天舅舅正站在窗口，密集的子弹射向了他家，整座房子被打得像一个马蜂窝，一颗子弹正巧飞入了舅舅的体内，那个爱笑的舅舅就这样失去了生命。

　　华莉丝到现在还记得第一次见到沃尔德阿布舅舅时的情景。那天她去市场里买完东西回家，看到了一个和母亲长得很像的男子坐在外婆家里，正在与外婆聊天。他手里搂着一个孩子，华莉丝虽然是第一次看见他，却感觉特别亲切，因为这个舅舅长得和母亲太像了。她朝舅舅奔过去，盯着舅舅看，舅舅也盯着她看，两个人看着对方，仿佛看着镜中的自己。

　　舅舅肯定听外婆说起过她，他问华莉丝："你是华莉丝吧？"华莉丝说："是的。"舅舅说："我是你沃尔德阿布舅舅。"华莉丝说："我猜你肯定是我舅舅，你和我母亲长得一模一样。"舅舅笑着说："你也和你母亲长得一模一样。"

　　舅舅不但长得和母亲很像，连开玩笑的方式也像，兄妹俩以前肯定是家里的开心果。舅舅常来外婆家看华莉丝，华莉丝也常去舅舅家玩，那是华莉丝在摩加迪沙最快乐的时光。和舅舅在一起，多少缓解了华莉丝对母亲的思念。

　　很遗憾，再次听到舅舅的消息，却已是噩耗。阴阳相隔，人生再无相逢时。

　　不但生活在首都的人饱受战争的骚扰，连游牧者都逃不过残酷的战争。华莉丝的弟弟阿里也曾中过子弹。有一天，他独自在沙漠里赶着骆群，在路上遇到偷猎者的袭击，胳膊上中了一枪，他应声倒地，假装死亡，侥幸逃过一命，骆群却被偷猎者全部抢走。

　　让华莉丝最引以为傲的母亲也遭遇过枪战，一颗子弹留在了她体内。后来，华莉丝的妹妹曾带母亲去医院想取出子弹，可医生说她的母亲年岁已高，做手术的话风险太大，有可能危及生命，于是那颗子弹也就只能任其留在体内了。

　　华莉丝在埃塞俄比亚拍纪录片时见到母亲，母亲的身体看上去还是挺硬朗的，当华莉丝问起她体内的子弹时，母亲风趣地说："不碍事，或许早已化掉了。"

　　索马里是典型的父权制度，男人们的野心、自私、侵略造成部落间的战争。女性割礼也是男人想控制女性的一部分，在索马里的法律和文化上，把女性划为男人的财产范畴。

　　华莉丝一想到自己被迫割礼后，身心遭受的巨大伤害，她就感觉非常愤怒。她不能埋怨自己的父母，对母亲来说，她只是做着别人对她做过的事，而对于父亲，他虽然没有承受过这种痛苦，但是他知道，如果自己的女儿不接受割礼，就无法进入婚姻市场，他的女儿将嫁不出去！他们也是习俗的牺牲品。

在非洲，女人承担着大部分的劳作，她们不但背负着生孩子的责任，还要和男人一样干活。像她母亲，挺着即将临盆的大肚子，还在沙漠里跋涉，为她活着的一群孩子寻找吃的，等快要生产了，才独自走向大漠深处，在得不到任何人帮助的情况下，一个人生下孩子，能活着回来就是她的幸运。

经受过割礼的女性，在身体上和情感上都是脆弱的。生命是如此脆弱又如此卑微，华莉丝真的希望这种残酷的割礼方式能够永远消失，让非洲的妇女也能像西方妇女一样，成为真正的半边天。那时，强悍的非洲女人，不知会创造多少丰功伟绩。

神给予的身躯是完美的，女性生殖器切割人为地夺去了女性的一部分，如果两腿间真的是肮脏的，上天不会让女性拥有它，上天赐予的就是每个人该拥有的。从小就觉得自己与众不同的华莉丝，没想到自己肩负着这样的重任，有一天会成为"反割礼大使"，为天下女人的幸福而努力。

神赋予她如此神圣的任务，她也希望通过自己的努力，在某一天，能听到有人奔走相告："索马里女性割礼被立法禁止了！"然后更多的国家能够立法禁止，直到世界上再也没有一个国家存在这种残害妇女的陋习。

华莉丝说："这将是多么快乐的事，这正是我努力的方向。inshallah（听天由命，但凭天意）——为神所愿，这一天定会来临。"

在苦难中成长，在孤独中憧憬未来

五岁的华莉丝在野外割礼后，独自躺在棚子里，她开始发高烧，时而迷糊，时而清醒，迷糊时她感到自己飘飘忽忽，不知道要到哪里去，清醒时她不断地问自己："这到底是为什么？为什么要受这样的苦？"

在非洲，女孩是否成人是看有没有做过割礼，五岁的华莉丝还是个孩子，成人的世界其实离她还很远，她当然无法回答自己的问题，但是她清楚地意识到，自己的被伤害是经过了父母的允许，她承受的生命之痛，是以孩子无法逃避的方式强加于她。

在玛瑞姆姨妈家做仆人时，她偶尔会和表姐妹同上卫生间，她们小便时很痛快地就完事儿，而自己每次却要滴滴答答十多分钟。巴斯玛还有好几次问她为什么，华莉丝以为她们回到非洲也要被割礼，所以总是笑笑，什么都不说。

后来，她独自在伦敦留了下来，住在青年会里时，好友玛丽莲早已发现了她每个月总有那么几天不正常，在玛丽莲的一再追问下，华莉丝才道出了实情。也是在这时，华莉丝才知道，并不是所有的人都要经受割礼，在现代文明的西方，她是另类。

因为在索马里长大，华莉丝知道贞洁对女人很重要，有男人喜欢她时，她都不敢去约会，怕别人亲吻她，要和她做爱，她只能锁住少女的心。其实离家已经好几年的她，也很渴望有人爱她、呵护她，但是她知道，只要下身一天是被缝死的，她就不能敞开心扉和别人谈恋爱。

受过割礼的华莉丝是孤独的，也是幸运的，在几亿被割礼的妇女中，很多女孩在割礼后，会因为各种原因而死亡。

小时候，和他们迁徙到一起的放牧人家，上次华莉丝和他家的女孩还在一起开开心心地玩，这次再遇见，那女孩就已经不在了，没人告诉你她们是怎么消失的。长大后华莉丝才知道，再没见过的姐姐海勒姆，是死于割礼后失血过多。在华莉丝十岁时，有个表哥住到她家来，讲起了六岁的表妹，说表妹割礼后被放置在棚子里，因为感染，阴部肿大，棚子里发出奇臭难闻的气味，几天后当表妹的母亲再去看她时，她已经在棚子里孤独地死去了……

那时的华莉丝，还不相信表哥说的话，因为她和阿曼都没有这样的情况。长大后的华莉丝才相信，在没有消毒的户外进行割礼，炎热的天气里，伤部感染坏疽，身体呈现暗绿色，自然就恶臭难当。

在无消毒和麻醉的情况下进行割礼，女孩们有的因为惊吓，有的因为感染，有的因为破伤风，有的因为大出血等各种原因死去。在贫穷的沙漠上，死人是正常的，而活下来则是幸运。

十一二岁那年，华莉丝开始初潮，那天她正在放羊，肚子开始疼痛起来，不知道原因的她，以为自己得了什么病，后来去小便，看到小便里有血，华莉丝吓得不轻，丢下羊群跑回了家，一见母亲就哭，母亲问她怎么了。华莉丝说："妈妈，我快要死了，我竟然流血了。"母亲说："孩子，你哪里流血了？来，不要急，告诉妈妈。"

华莉丝说："妈妈，我肚子好痛，小便时还流血了。"母亲笑着说："哦，华莉丝，你真正长大了，你来月经了。没事，每个女人都会来月经。"华莉丝从没听说过"月经"二字，她说："那怎么才能不痛呢？"母亲说："每个女人来月经都会痛，你挺着，过去就好。"

从母亲轻描淡写的话语里，华莉丝知道母亲没有办法帮她。可是她不想这样忍着，于是跑到一棵大树下，挖了一个洞，当洞有半人深时，她跳了进去，然后用土把自己的下半身埋了起来。地底下凉快点儿，这样才稍微缓解了一些疼痛。华莉丝见这个办法有用，每次来月经时她就用这个办法。

有一次，当她正把自己的半截身子埋在地下时，刚巧被路过的父亲看到了，父亲笑着对她说："华莉丝，你捣什么鬼，赶快出来。"华莉丝不好意思和父亲说明原因，于是一声不吭。父亲笑着又说："如果你想活埋自己，这洞也不够深啊，要不要我帮你？"

后来，父亲笑着回家了，怕女儿的脑子出问题，还把此事和母亲说了，母亲告诉了父亲原委。后来，华莉丝才知道，原来姐姐阿曼也是用这样的方法来缓解痛经的。

像母亲说的，每个女人都会痛经，像她这样经过阴道封锁的女人，肯定都会痛经。经血来时，源源不断的经血从体内排出，到阴部后只能一点一点地流出来，来不及流出来的经血堵在阴道内部，自然痛得厉害，又因为堵塞，她每次来月经都要十来天，一个月有三分之一的时间在经受这种痛苦。

在割礼中死亡的人，永远地消失了，而活着的人，还要经受另一种痛苦。割礼造成泌尿系统感染与盆腔炎等症状，炎症又导致其他疾病，形成痛经、性冷淡、排尿困难、痛性神经瘤等，也有可能绝育。有很多人没有死于割礼，却死于难产。

一想到每年有两百万的女孩将要面临这样的痛苦，华莉丝就心情沉重。有多少女孩想反抗却没能力反抗，上帝给了她们生命，而她们的生命却被无情地残害。

为了让这种残害女性的陋习被全面禁止，华莉丝推掉了一切工作，结束了光鲜亮丽的 T 台时装走秀，全身心地投入到反割礼行动中。为了让更多的人了解非洲女性经历的磨难，唤起更多人对女性健康的重视，她去各处演讲，把自己的痛苦和隐私一次次地呈现在大众面前，每一次都仿佛在重新经历五岁时的那场磨难。

因为她要推翻的是延续了几千年的习俗，所以她也知道肯定会有很多人反对她。同胞骂她是民族的"叛徒"，激进主义者袭击她，可是这一切都没能阻挡她前行的脚步。她说："我相信我所吃的苦都是上帝的安排，我清楚我的任务危险，我承认我害怕，但决定碰碰运气，我的个性一向如此。"

从不向命运低头的华莉丝，也不会向残暴和权威屈服，为了这种残害女性健康的割礼能够在非洲彻底消失，她抛开个人的利益和安危，演讲，著书。1998 年她完成了自传《沙漠之花》的写作。书中详细地描述了自己被割礼的经过，以及割礼后给自己身心造成的伤害。

为了让女性同胞早日脱离割礼苦海,她竭尽所能四处奔走。2002 年,她在奥地利维也纳创办了沙漠之花基金会,旨在让周围的女性提高认识生殖器切割的危险;接着,她又与法国富豪弗朗索瓦－亨利·皮诺(PPR 公司 CEO)及其妻子萨尔玛·海耶克一同创建了 PPR 基金会,致力于保护女性的尊严和权利;此外,她还创办了沙漠黎明基金会,用以支持家乡索马里的学校和诊所。

由于华莉丝和联合国废除女性割礼组委会一起顽强抗争,许多国家陆续通过立法禁止女性割礼。在废除割礼方面,坦桑尼亚先行一步,据统计,坦桑尼亚至少有 15% 的妇女或女孩接受过割礼。1998 年,坦桑尼亚立法规定:凡是对十八岁以下少女施行割礼手术者,将视情节轻重判处五至十五年有期徒刑,或罚款三十万先令,或判刑与罚款并处。近来,多哥、塞内加尔和科特迪瓦等国也通过立法禁止了女子割礼。

肯尼亚由于传统势力的反对,1998 年女子割礼还没有被立法禁止,但是在 2000 年 12 月 27 日,肯尼亚总统莫伊首次表明立场:割礼给妇女造成了不必要的痛苦与伤害,他呼吁人们像斗争艾滋病一样来铲除这种陈规陋俗。

埃及官方在 2000 年一项调查中发现,埃及有 97% 的妇女实施过割礼。2007 年 6 月 26 日,埃及卫生部部长哈特姆就女性割礼一事,在新闻发布会上宣布,埃及颁布法令禁止埃及所有医生和医学专业的成员无论是在公共医院还是私人诊所从事割礼这项手术。他说，任何割礼手术都被视为违反法律的，所有违反这些规定的一定要受到相应惩罚，他称这项法律将是永久性的禁令。

2015 年 11 月 24 日，非洲国家冈比亚总统贾梅宣布禁止女性割礼，通信部长波詹宣布："女性割礼已禁止，立即生效。"这是非洲及中东女性割礼"重灾区"第二十七个废止割礼的国家。

……

为废除女性生殖器切割的陋习，很多人和华莉丝成为同道中人。2003 年 2 月 6 日，尼日利亚前第一夫人斯泰拉·奥巴桑乔义正词严地提出，对女性生殖器切割采取零容忍态度。随后，联合国把每年的 2 月 6 日命名为"切割女性生殖器零容忍国际日"。

2008 年刚开始，为了尽快在全球范围内结束这种陋习，人口基金与儿童基金会开展了"加速废除女性生殖器切割联合项目"，使即将面临生殖切割风险的女性尽量降低到最少人数，力争在一代人的时间内结束这种做法。

2011 年，联合国在非洲开展了一万八千多次社区教育活动，使非洲两千多个社区废除了侵害女性身体健康和人权尊严的传统文化，使废除女性生殖器切割的社区总数一共超过八千个。

2012 年 11 月 26 日，联合国大会讨论社会、人道和文化问题的第三委员会通过一项决议，首次谴责了一些对女性割礼屡禁不止的地区和国家。决议由意大利常驻联合国代表切萨雷·拉加利尼牵头，获一百一十多个会员国联署，包括五十多个非洲国家。

在大家的努力下，反割礼运动的成绩是有目共睹的。2013 年 7 月 22 日据西班牙《国家报》报道，与三十年前相比，全球被切割生殖器的女性有所减少。在肯尼亚和坦桑尼亚，目前接受过生殖器切割的女童仅仅是她们母辈人数的三分之一；在贝宁、伊拉克、利比里亚和尼日利亚，这一数据减少了近一半；在乍得、冈比亚、马里、塞内加尔、苏丹和也门，女童受此伤害的概率也大幅降低。

在显赫的成绩面前，2007 年，法国总统萨科齐为华莉丝颁发法国荣誉军团勋章骑士勋位，另外她还获得了世代传承特别奖。

2010 年，美国《福布斯》杂志根据读者在社交网的意见，选出三十位全球最令人瞩目的女性，华莉丝"以不计个人利益与安危、拯救其他女童脱离割礼苦海、提升女性地位作出杰出成就"而入选，因此，她还被誉为"非洲女权斗士"。

作为"反对割礼"特使的华莉丝，与很多杰出女性并肩工作，包括联合国人口活动基金执行主任纳菲斯·萨迪克博士。尽管她们为反对女性性器官切割奔走呼吁，可是这一野蛮习俗仍在非洲大面积存在。

联合国儿童基金会执行会长吉塔·饶·古普塔指出，这种行为是"对女童的严重暴力侵犯"，它反映了在性别上存在根深蒂固的不平等现象，并且造成了针对妇女的极端歧视。切割几乎都是在未成年人身上实施的，因此也是对儿童权利的侵犯。该做法也侵犯了人的健康、安全和身体完整的权利。"报告中也提出了，光靠立法来约束对女童的伤害是远远不够的，需要有更多人参与监督并抵制这种行为，挑战根深蒂固的社会陋俗。"她强调。

女性割礼这一残忍的恶俗已经延续了好几千年，而关于禁止女性割礼的斗争仍在继续，要终结割礼恶习，需要社会文化和法律的共同推动。

华莉丝说："苦难就是苦难，它本身并不会孕育任何福祉，同样的苦难下，有人走向辉煌，也有人如烂泥一般将自己融入泥淖。"华莉丝把苦难当作垫脚石，她没有沉浸在作为女人的痛苦中，而是把希望当成坚韧的拐杖，把忍耐当成旅行袋，携带着它们，走在反割礼的路途上。

华莉丝憧憬着，在未来的每一天，都不会再听到有人说起，哪里还在进行女性生殖器的切割。她也相信，这一天定会来临。

如果命运是一条孤独的河流，谁会是你灵魂的摆渡人？除

了自己，别无他人。万物皆有裂痕，那是光进来的地方，为了
其他女人不再受这种苦，她要勇敢渡过这条河，无论风平浪静，
还是波涛翻滚，她要成为真正的"非洲女权斗士"。

非洲之花：国际名模华莉丝·迪里传

总 策 划：刘志则   产品总监：李广顺

营销推广：周莹莹   产品经理：刘春玲

责任编辑：姚红梅   内版设计：苏洪涛

图书在版编目（ＣＩＰ）数据

非洲之花：国际名模华莉丝·迪里传 / 陈亚红著
. -- 北京：台海出版社，2019.5

ISBN 978-7-5168-2317-0

Ⅰ.①非… Ⅱ.①陈… Ⅲ.①华莉丝·迪里—传记

Ⅳ.① K835.218.2

中国版本图书馆 CIP 数据核字 (2019) 第 065641 号

非洲之花：国际名模华莉丝·迪里传

著　　者：陈亚红
责任编辑：姚红梅　　　　　　　装帧设计：崔　欣
版式设计：苏洪涛　　　　　　　责任印制：周莹莹
出版发行：台海出版社
地　　址：北京市东城区景山东街 20 号，邮政编码：100009
电　　话：010 － 84827588（发行、邮购）
传　　真：010 － 84045799（总编室）
网　　址：www.taimeng.org.cn/thcbs/default.htm
E-m a i l：thcbs@126.com
经　　销：全国各地新华书店
印　　刷：环球东方（北京）印务有限公司
本书如有破损、缺页、装订错误，请与本社联系调换
开　　本：880mm×1230mm　 1/32
字　　数：151 千字　　　　　　　印　　张：8
版　　次：2019 年 5 月第 1 版　　印　　次：2019 年 5 月第 1 次印刷
书　　号：ISBN 978-7-5168-2317-0
定　　价：48.00 元